Peace of Mind
BIBLE
WORD SEARCH

WOMEN OF THE WORD

LINDA PETERS

Good Books
New York, New York

Good Books books may be purchased in bulk at special discounts for sales promotion, corporate
gifts, fund-raising, or educational purposes. Special editions can also be created to specifications.
For details, contact the Special Sales Department, Good Books, 307 West 36th Street, 11th Floor,
New York, NY 10018 or info@skyhorsepublishing.com.

Good Books is an imprint of Skyhorse Publishing, Inc.®, a Delaware corporation.

Visit our website at www.goodbooks.com.

10 9 8 7 6 5 4 3 2 1

Library of Congress Cataloging-in-Publication Data is available on file.

Cover design by Joanna Williams
Cover image used under license from Shutterstock.com

Print ISBN: 978-1-68099-838-2

Printed in China

EVE:
HELPER FROM GOD

Genesis 2:18

```
G O O D F M W E
E N O L A O L W
E B R N Y B R X
D K D E A T S B
R M A T P A O D
O M I M I L O N
L U I D R G E D
S Z Y H G K M H
```

The <u>Lord</u> <u>God</u> <u>said</u>, "It is <u>not</u> <u>good</u> for the <u>man</u> to be <u>alone</u>. I will <u>make</u> a <u>helper</u> <u>suitable</u> <u>for</u> <u>him</u>."

LORD	ALONE
GOD	MAKE
SAID	HELPER
NOT	SUITABLE
GOOD	FOR
MAN	HIM

EVE:
MADE FROM ADAM'S RIB

```
T A K E N Q R B
T W D R O L R Z
F U O L I O V T
P R O M U B H V
M J O G A E W D
H A H M N N O N
E T D A V G J G
R Z M E T G L M
```

Then the Lord God made a woman from the rib he had taken out of the man, and he brought her to the man.

THEN	RIB
LORD	TAKEN
GOD	OUT
MADE	MAN
WOMAN	BROUGHT
FROM	HER

EVE:
TEMPTED BY THE SERPENT

Genesis 3:6

```
G W F T J X T P E Q L P
A O R R M B L L H T X D
I M U E W E B U D O O F
N A I E A A S Y Q K T B
I N T S R B D R V T N D
N W I I A W I S D O M J
G N S N E D M O Z M X Y
G E D D Y T O Z M Y Q J
D T Q G E G A T P L Y Z
```

When the <u>woman</u> saw that the <u>fruit</u> of the <u>tree</u> was <u>good</u> for <u>food</u> and <u>pleasing</u> to the <u>eye</u>, and also <u>desirable</u> for <u>gaining</u> <u>wisdom</u>, she took some and <u>ate</u> it. She also gave some to her <u>husband</u>, who was with her, and he ate it.

WOMAN	EYE
FRUIT	DESIRABLE
TREE	GAINING
GOOD	WISDOM
FOOD	ATE
PLEASING	HUSBAND

EVE:
MOTHER OF THE HUMAN RACE

Genesis 3:20

```
V M L I V I N G Y L
E L O E Z D E M A N
A F V T E D R O L B
M E I L H M A D E T
L A L W N E Z L J Y
Q A D Y A X R K R M
C V N A M G O D L M
```

The <u>man</u> <u>called</u> his <u>wife</u>'s <u>name</u> <u>Eve</u>, because she was the <u>mother</u> of <u>all</u> <u>living</u>. And the <u>Lord</u> <u>God</u> <u>made</u> for <u>Adam</u> and for his wife garments of skins and clothed them.

MAN	ALL
CALLED	LIVING
WIFE	LORD
NAME	GOD
EVE	MADE
MOTHER	ADAM

NOAH'S WIFE:
RIGHTEOUS BEFORE GOD

```
D L Q Y M J T Q Q N G X
K L R I G H T E O U S R
K D O T R E T I A N Z R
X R H H R P T L V P N R
W I A O E A L N D N J V
S T F H R S O L P Z X J
D E A E S A U L O R D P
B V N Q H E B O D I A S
E E Z R T Y E R H P X N
G M N V D J Z N T Y N R
```

Then the Lord said to Noah, "Go into the ark, you and all your household, for I have seen that you are righteous before me in this generation."

LORD	HAVE
SAID	SEEN
NOAH	RIGHTEOUS
ARK	BEFORE
ALL	THIS
HOUSEHOLD	GENERATION

HAGAR:
SEEN AND BLESSED BY GOD

```
D E S C E N D A N T S B
S D R O L B B M I Z R K
U U Q R A K I N T O L D
B O O C W S C Z N D Z Q
M O K R T R Y N M J P B
I T N R E A M T N G P T
T R E A N M N U B L L T
Z S S V Y U U G C N J W
S E G Z O B B N E H D G
R Q P C N R Y W T L P Y
```

Then the <u>angel</u> of the <u>Lord</u> <u>told</u> her, "Go <u>back</u> to your <u>mistress</u> and <u>submit</u> to her." The angel added, "I will <u>increase</u> your <u>descendants</u> so <u>much</u> that they will be <u>too</u> <u>numerous</u> to <u>count</u>."

ANGEL   INCREASE
LORD   DESCENDANTS
TOLD   MUCH
BACK   TOO
MISTRESS   NUMEROUS
SUBMIT   COUNT

SARAH:
MOTHER OF NATIONS

Genesis 17:15

```
A B R A H A M S Q J G B
H A R A S E N A G R M S
J D I W N M P R J N E G
E Y S Y O O L A R L I J
Y M E G I C Y I P S T K
J N A T T L W O S R V R
W X B N A Q E E S L P B
M I B N N P L O D J L X
W Z F G G B N M M L N T
Y X N E D V D Q B D B M
```

God said to <u>Abraham</u>, "As for <u>Sarai</u> your <u>wife</u>, you shall not call her Sarai, but <u>Sarah</u> shall be her <u>name</u>. I will <u>bless</u> her and also give you a <u>son</u> by her. I will bless her, and she shall give <u>rise</u> to <u>nations</u>; <u>kings</u> of <u>peoples</u> shall <u>come</u> from her."

ABRAHAM	SON
SARAI	RISE
WIFE	NATIONS
SARAH	KINGS
NAME	PEOPLES
BLESS	COME

SARAH:
CONNECTED TO THE COVENANT

Genesis 17:19

```
E S A R A H Y D T R H G
Y V T R A E B O D S Y B
X K E N S I N G I V Q Y
C M T R A N S L N P X D
Z O L D L D B A L P L J
W L V Z T A N L A Q N Y
S I X E T J S E D C Q N
O P F S N L D T C G R Z
N Z E E L A Y R I S Q Y
T P J A Y W N B L N E J
D J C T W Y R T T B G D
```

Then _God_ said, "_Yes_, but your _wife_ _Sarah_ will _bear_ you a _son_, and you will _call_ him _Isaac_. I will _establish_ my _covenant_ with him as an _everlasting_ covenant for his _descendants_ after him."

GOD	CALL
YES	ISAAC
WIFE	ESTABLISH
SARAH	COVENANT
BEAR	EVERLASTING
SON	DESCENDANTS

SARAH:
STRUGGLED TO TRUST IN GOD'S WORD

Genesis 18:13-14a

```
G K C D D G W R Z
R N R H L L E O Y
S O I A I A O A N
L A U H L L B Z H
Q G R L T R D A Z
H L Y A A Y R N O
W H Y H H D N O M
M K A K T M T A W
N M T L K L V D V
```

Then the <u>Lord</u> said to <u>Abraham</u>, "<u>Why</u> did <u>Sarah</u> <u>laugh</u> and say, 'Will I <u>really</u> have a <u>child</u>, <u>now</u> that I am <u>old</u>?' Is <u>anything</u> <u>too</u> <u>hard</u> for the Lord?"

LORD	CHILD
ABRAHAM	NOW
WHY	OLD
SARAH	ANYTHING
LAUGH	TOO
REALLY	HARD

LOT'S WIFE:
LOOKED BACK INSTEAD OF LISTENING

Genesis 19:17, 26

```
H P O T S S L D L P
I E R X A N N Y R D
L S R L S W E P T B
L C T A I L E F I L
S A B F L K R B Z D
T P E A O L K G D N
O E V O C R I L Y T
L R L G W K B P L V
```

And as they brought them out, one said, "*Escape* for your *life*. Do not *look* *back* or *stop* anywhere in the *valley*. Escape to the *hills*, lest you be *swept* away." But *Lot*'s *wife*, behind him, looked back, and she became a *pillar* of *salt*.

ESCAPE
LIFE
LOOK
BACK
STOP
VALLEY

HILLS
SWEPT
LOT
WIFE
PILLAR
SALT

SARAH:
PROMISES CAME TRUE

```
B P W T G B L L D V
C O N C E I V E D Y
S M Q R D B S H P L
P D A J K I A W N N
O O R H M R D O B Y
K G P O A L S O L W
E D R S L R R A G E
N P L K Q E B D X B
Y B T O N T R A V B
```

The <u>Lord</u> dealt with <u>Sarah</u> as he had said, and the Lord <u>did</u> for Sarah as he had <u>promised</u>. Sarah <u>conceived</u> and <u>bore</u> <u>Abraham</u> a <u>son</u> in his <u>old</u> <u>age</u>, at the time of which <u>God</u> had <u>spoken</u> to him.

LORD	ABRAHAM
SARAH	SON
DID	OLD
PROMISED	AGE
CONCEIVED	GOD
BORE	SPOKEN

SARAH:
RECOGNIZED GIFT FROM THE LORD
Genesis 21:6-7

```
R L T N E H J C Z
S E T H A V H Y M
R K T R G I E A L
A V A H L U H R B
E S N D G A O O N
H Y R U R U R R D
D E S B R N A O B
N O A N E S G L Q
N W H O Q B E B T
```

Now *Sarah* said, "*God* has *brought* *laughter* for me; everyone *who* *hears* will laugh with me." And she said, "Who would *ever* have said to *Abraham* that Sarah would *nurse* *children*? Yet I have *borne* him a *son* in his old age."

SARAH	EVER
GOD	ABRAHAM
BROUGHT	NURSE
LAUGHTER	CHILDREN
WHO	BORNE
HEARS	SON

HAGAR:
PROVIDED FOR BY GOD

Genesis 21:17-18

```
H A G A R G N T K Z
E D Z N N E A K J Q
A O I I V N K N T Q
R G Y A G G O Y O B
D R E E R I T M Y D
C H L E T F A R L Y
N Q A A I K A Y Z R
D T N L E L L R G M
```

God heard the boy crying, and the angel of God called to Hagar from heaven and said to her, "What is the matter, Hagar? Do not be afraid; God has heard the boy crying as he lies there. Lift the boy up and take him by the hand, for I will make him into a great nation."

GOD	HEAVEN
HEARD	AFRAID
BOY	LIFT
CRYING	MAKE
ANGEL	GREAT
HAGAR	NATION

REBEKAH:
KINDNESS BROUGHT HER TO ISAAC
Genesis 24:18-19

```
D T D J W O D F R
R Y R E S A I J S
I D L L R N T L X
N R A K I E E E E
K O W S C M W V R
B L H A A I A O J
W E A C R G U A L
D L N J G D R Q W
Y R D L L B P Q G
```

And she said, "_Drink, my lord_"; then she _quickly_ _lowered_ her _jar_ to her _hand_, and _gave_ him a drink. Now when she had _finished_ giving him a drink, she said, "I will _also_ _draw_ _water_ for your _camels_ until they have finished drinking."

DRINK	GAVE
LORD	FINISHED
QUICKLY	ALSO
LOWERED	DRAW
JAR	WATER
HAND	CAMELS

REBEKAH:
COURAGE TO GO WHEN CALLED

Genesis 24:57-59

```
R Y Y N L S T S L M
Y E A O I Q E J D R
W M B S U R T N E S
N O T E V N A W A Y
U E M A K C G H N R
R V N A A A T M R J
S T N L N I H A S K
E P L G W P Y D T Y
```

And they said, "We will _call_ the _young_ _woman_ and _ask_ her." Then they called _Rebekah_ and said to her, "Will you go _with_ this _man_?" And she said, "I will go." So they _sent_ _away_ their _sister_ Rebekah and her _nurse_ with Abraham's _servant_ and his men.

CALL	MAN
YOUNG	SENT
WOMAN	AWAY
ASK	SISTER
REBEKAH	NURSE
WITH	SERVANT

REBEKAH:
A FALL INTO DECEPTION

Genesis 27:15-16

```
S H A K E B E R W Q D
K T B Y J T S T D Q J
C T N A O N O S V T Q
E N C E I U M O S N V
N O O K M O N T K J Y
B L S S O R A G X L L
B E S T L O A E S A U
Y K H N G D B G Z V D
```

Then Rebekah took the best garments of her elder son Esau, which were with her in the house, and put them on her younger son Jacob. And she put the skins of the young goats on his hands and on the smooth part of his neck.

REBEKAH	JACOB
TOOK	SKINS
BEST	YOUNG
GARMENTS	GOATS
SON	SMOOTH
ESAU	NECK

RACHEL:
LOVED BY JACOB

Genesis 29:20

```
E K I L N D R B
M V F E E H O B
L E V M D C I D
W E E Y A A E S
S E H J E V Y Y
S V K C R A L S
L O L E A N R D
T L S G O R X S
```

So Jacob served seven years to get Rachel, but they seemed like only a few days to him because of his love for her.

JACOB	LIKE
SERVED	ONLY
SEVEN	FEW
YEARS	DAYS
RACHEL	HIS
SEEMED	LOVE

LEAH:
MOTHER OF SIX OF TWELVE TRIBES

Genesis 29:31

```
D N E R R A B W X
E E E W H V R R L
N H V A H A W A S
E B E O C E L J T
P L M H L O N N N
O R E O R N S A W
G L Q D W T U B M
```

When the <u>Lord</u> <u>saw</u> that <u>Leah</u> <u>was</u> <u>unloved</u>, he <u>opened</u> <u>her</u> <u>womb</u>, <u>but</u> <u>Rachel</u> was <u>barren</u>.

WHEN	OPENED
LORD	HER
SAW	WOMB
LEAH	BUT
WAS	RACHEL
UNLOVED	BARREN

ZILPAH:
MOTHER OF GAD AND ASHER

Genesis 30:9-10

```
B C N D N B Z R J
E T H R T G O D V
A N K I A O E R H
R A J V L S O A E
I V E A A D P K W
N R H E C L R I Y
G E C A I O F E N
R S Y Z E E B O N
M Z M M M L S Q Y
```

When <u>*Leah*</u> *saw that she had* <u>*ceased*</u> <u>*bearing*</u> <u>*children*</u>*, she* <u>*took*</u> *her* <u>*servant*</u> <u>*Zilpah*</u> *and* <u>*gave*</u> *her to* <u>*Jacob*</u> *as a* <u>*wife*</u>*. Then Leah's servant Zilpah* <u>*bore*</u> *Jacob a* <u>*son*</u>*.*

LEAH	ZILPAH
CEASED	GAVE
BEARING	JACOB
CHILDREN	WIFE
TOOK	BORE
SERVANT	SON

LEAH:
GRATEFUL TO GOD

Genesis 30:20

```
D P R E C I O U S
E D N D S H T Z G
T T N N H A A Z J
N E O A E O E E V
E S N R B B N T L
S G T R U S G O N
E J I L O X U O R
R B U F R B I H D
P N R R T L Z S N
```

Then <u>Leah</u> said, "<u>God</u> has <u>presented</u> me with a <u>precious</u> <u>gift</u>. This time my <u>husband</u> will <u>treat</u> me with <u>honor</u>, because I have <u>borne</u> him <u>six</u> <u>sons</u>." So she named him <u>Zebulun</u>.

LEAH	TREAT
GOD	HONOR
PRESENTED	BORNE
PRECIOUS	SIX
GIFT	SONS
HUSBAND	ZEBULUN

RACHEL:
REMEMBERED BY THE LORD

Genesis 30:22-23

```
G C D E N E T S I L P M N
O K O N H N Y D P Y N Y B
D T L N G C E Z T V Q J D
D D D R C L A Y G G Q E Y
D Z V E L E R O D N R M V
H J Z A M B I N R E M M T
T P C V M A R V B P R M V
G P E O Z O N M E R E L D
R T W S P M E K A D M R R
S O N E O M R C R R L M Z
X R N N E J H W G W Y Z R
N E N R G E Z L R Q M B W
D D V N L P P B · J N Y M Q
```

Then <u>God</u> <u>remembered</u> <u>Rachel</u>, and God
<u>listened</u> to her and <u>opened</u> her <u>womb</u>.
She <u>conceived</u> and bore a <u>son</u> and said,
"God has taken away my <u>reproach</u>."
And she <u>called</u> his <u>name</u> <u>Joseph</u>, saying,
"May the Lord add to me another son!"

GOD	CONCEIVED
REMEMBERED	SON
RACHEL	REPROACH
LISTENED	CALLED
OPENED	NAME
WOMB	JOSEPH

RACHEL:
STOLE HER FATHER'S IDOLS
Genesis 31:34

```
D N O T H I N G R T L J
S L D B G T T A N G D B
I N O E T N C E E R Y P
T E S H H H T D N U O F
T K G A E C I V Z L B X
I A O L D S R N A B A L
N T D M N D U A T J P Q
G N S I J X L O E L P T
Y K Q Q L J J E H S M T
```

Now Rachel had taken the household gods and put them inside her camel's saddle and was sitting on them. Laban searched through everything in the tent but found nothing.

RACHEL	SITTING
TAKEN	LABAN
HOUSEHOLD	SEARCHED
GODS	TENT
INSIDE	FOUND
SADDLE	NOTHING

TAMAR:
REDEEMED FOR GOD'S PLAN

Genesis 38:25b-26a

```
R I G H T E O U S
S I L S S E E M R
I B D I T S R R Z
G J N E O A H O H
N C X H N A F A M
E P W D D T L F E
T T R U N E I V X
R O J O H M I F N
C V S S D G P P Y
```

And she said, "Please _identify_ _whose_ these are, the _signet_ and the _cord_ and the _staff_." Then _Judah_ identified them and said, "She is _more_ _righteous_ than I, _since_ I did not _give_ her to my _son_ _Shelah_."

IDENTIFY

WHOSE

SIGNET

CORD

STAFF

JUDAH

MORE

RIGHTEOUS

SINCE

GIVE

SON

SHELAH

POTIPHAR'S WIFE:
HER LUST AND LIES IMPRISONED JOSEPH

Genesis 39:19-20

```
Z J R J Y L N J M Y R M
D Z E F U R I O U S X Y
G R M P O T I P H A R L
T E A J M Y N B P G X X
H F I E O W R R W K V P
R I N H H S I O O T N I
E W E M Z S E O T M Z W
W L D L O K T P B S V W
D T N N T T M N H Z R B
```

Potiphar was *furious* when he *heard* his *wife's* *story* about how *Joseph* had treated her. So he *took* Joseph and *threw* him *into* the *prison* where the king's prisoners were *held*, and there he *remained*.

POTIPHAR	TOOK
FURIOUS	THREW
HEARD	INTO
WIFE	PRISON
STORY	HELD
JOSEPH	REMAINED

SHIPHRAH AND PUAH: MIGHTY MIDWIVES FOR THE LORD

Exodus 1:17, 20

```
D E I L P I T L U M
M T B W N E N K K T
T I E P L K D Y G P
D L D P S T R O N G
L E O W E L D B M R
V E R G I G I S Z N
P E N A D V Y V Y D
V I R W E O E P E T
K X M Y B F G S T M
```

But the <u>midwives</u> <u>feared</u> <u>God</u>; they did not do as the <u>king</u> of <u>Egypt</u> commanded them, but they let the <u>boys</u> <u>live</u>. So God dealt <u>well</u> with the midwives, and the <u>people</u> <u>multiplied</u> and became <u>very</u> <u>strong</u>.

MIDWIVES	LIVE
FEARED	WELL
GOD	PEOPLE
KING	MULTIPLIED
EGYPT	VERY
BOYS	STRONG

JOCHEBED:
TRUSTED IN GOD'S PLAN

Exodus 2:3

```
S D E E R L T W
U P L A C E D H
R K C C K M C Q
Y N O S H T H A
P A A Q I I M E
A B T P D O L R
P X E E N I A D
D X D G N T W L
```

But when she could <u>hide</u> him no longer, she got a <u>papyrus</u> <u>basket</u> for him and <u>coated</u> it with <u>tar</u> and <u>pitch</u>. Then she <u>placed</u> the <u>child</u> in it and put it <u>among</u> the <u>reeds</u> along the <u>bank</u> of the <u>Nile</u>.

HIDE
PAPYRUS
BASKET
COATED
TAR
PITCH

PLACED
CHILD
AMONG
REEDS
BANK
NILE

MIRIAM:
PROPHETESS AND PROTECTOR OF MOSES

Exodus 2:4, 7

```
D P S I S T E R L P
N A H E S R U N X D
E X U A Z T D Q D J
P M W G R M O I L W
P C V E H A S O O V
A H E T R T O M D Y
H I X S A B E H N M
R L K N R N E R B M
V D C P R U Q H L Y
S E E N J D N D K N
```

His sister stood at a distance, to see what would happen to him. Then his sister said to Pharaoh's daughter, "Shall I go and get you a nurse from the Hebrew women to nurse the child for you?"

SISTER	DAUGHTER
STOOD	NURSE
DISTANCE	HEBREW
SEE	WOMEN
HAPPEN	NURSE
PHARAOH	CHILD

PHARAOH'S DAUGHTER: MERCY FOR MOSES

Exodus 2:5

```
S B A S K E T J D B
T R P T M B D E W X
N E D R J B K I D D
A E P J I L A A A D
D D M H A N U T B M
N S R W A G C M H Y
E T T I H R Y E E E
T T S T V Z A M S B
T J E A W E A O T S
A R V P W C R B H L
```

Soon _Pharaoh's_ _daughter_ _came_ down to _bathe_ in the _river_, and her _attendants_ _walked_ along the riverbank. When the _princess_ _saw_ the _basket_ among the _reeds_, she sent her _maid_ to get it for her.

PHARAOH	WALKED
DAUGHTER	PRINCESS
CAME	SAW
BATHE	BASKET
RIVER	REEDS
ATTENDANTS	MAID

PHARAOH'S DAUGHTER:
PART OF GOD'S PLAN

Exodus 2:10

```
P H A R A O H M S
D E T P O D A S B
M A L I F T E D R
O N U L Y C N E R
S L Y G N O H O W
E R D I H T B A S
S B R E O T T B O
Q P M M R E E W N
N Z T M R V N R V
```

Later, when the boy was older, his mother brought him back to Pharaoh's daughter, who adopted him as her own son. The princess named him Moses, for she explained, "I lifted him out of the water."

BOY	OWN
OLDER	SON
MOTHER	PRINCESS
PHARAOH	MOSES
DAUGHTER	LIFTED
ADOPTED	WATER

DAUGHTERS OF REUEL: GRATEFUL TO MOSES

Exodus 2:16-17

```
B T B Z L M B Q T L S M M
N Q Y K D Y Q R B H T D Z
A B B Y L A E W E W N W Y
I M W M N T U P Y B Y Y D
D T M V A Y H G S L S J B
I J R W Y E F E H E L E R
M D Y O R F V L S T S N T
X R Z D U E A O O N E S T
N A S X N G M T E C E R Y
Y W M X R Y H F H I K J S
W Y M M Y T E S R E G N R
T V Y V G D Q P B X R Q J
```

The _priest_ of _Midian_ had _seven_ _daughters_. They came to _draw_ _water_ and filled the _troughs_ to water their _father's_ _flock_. But some _shepherds_ came and drove them away. _Moses_ got up and came to their _defense_ and watered their flock.

PRIEST	TROUGHS
MIDIAN	FATHER
SEVEN	FLOCK
DAUGHTERS	SHEPHERDS
DRAW	MOSES
WATER	DEFENSE

ZIPPORAH:
YIELDED TO GOD TO SAVE MOSES
Exodus 4:24-25

```
M O O R G E D I R B
H A R O P P I Z G Y
F O R E S K I N X Q
H B B Y D F D M R B
T T A L L R O C U T
E W A I O S O M N Y
E Q N E E O E L J Q
F T K S D T D D L P
```

At a lodging place on the <u>way</u> the <u>Lord</u> <u>met</u> him and sought to put him to <u>death</u>. Then <u>Zipporah</u> took a <u>flint</u> and <u>cut</u> off her son's <u>foreskin</u> and touched Moses' <u>feet</u> with it and said, "Surely you are a <u>bridegroom</u> of <u>blood</u> to me!"

WAY	CUT
LORD	FORESKIN
MET	MOSES
DEATH	FEET
ZIPPORAH	BRIDEGROOM
FLINT	BLOOD

MIRIAM:
THE SONG OF MOSES AND MIRIAM

Exodus 15:21

```
E S W J L D H K M Z
X Y A O L I R H Y J
A M R H G E U M W N
L D A H V R H S X W
T G L I L O I J J X
E Y R E R N B O T H
D D D S G I O T N I
B M E V Y D M S E A
```

Miriam sang to them:
"Sing to the Lord,
*   for he is highly exalted.*
Both horse and driver
*   he has hurled into the sea."*

MIRIAM   HORSE

SING   DRIVER

LORD   HAS

HIGHLY   HURLED

EXALTED   INTO

BOTH   SEA

SKILLED WOMEN:
LABORED FOR THE LORD
Exodus 35:25-26

```
L S Y A R N S T P B Y
X U T G J E E U N T L
D H F I U L R E N I F
E Y E L R P N E K Q N
N J B A L R N U P S G
I A C E R I E Q N T R
W S M D L T K D N Y K
T J J O N Q S S T V T
V Y B G W N B T G R D
```

And every skillful woman spun with her hands, and they all brought what they had spun in blue and purple and scarlet yarns and fine twined linen. All the women whose hearts stirred them to use their skill spun the goats' hair.

SKILLFUL	YARNS
WOMAN	FINE
SPUN	TWINED
BLUE	LINEN
PURPLE	HEARTS
SCARLET	STIRRED

MINISTERING WOMEN:
SURRENDERED PRIZED POSSESSIONS
Exodus 38:8

```
G W L Y M X D K R L P
T N P J N B E D A M V
E N I E N T R A N C E
N G M R K D M O W N B
T O N J E I N M N H Y
W L T I R T M A D Z O
X W M R T B S R T Z E
B Z O O Z E A I R S B
T R R J R L E S N B V
S Y M K B F J M I I X
V P Q J T P G J D N M
```

He _made_ the _basin_ of _bronze_ and its _stand_ of bronze, _from_ the _mirrors_ of the _ministering_ _women_ _who_ ministered in the _entrance_ of the _tent_ of _meeting_.

MADE	MINISTERING
BASIN	WOMEN
BRONZE	WHO
STAND	ENTRANCE
FROM	TENT
MIRRORS	MEETING

MIRIAM:
LORD APPEARED TO HER TO CHASTISE

Numbers 12:10

```
T R D S T T E W Q L B V M
G M W E U S N M R Y Z R N
N X N Q A O O L X Z M I Y
D T L E M Y R V A K L Q
M E S M Q W A P I S N O W
N I F L Q J A R E Z X R L
D C V I D W I S L L R D Y
Y L B F L M H L B K B Y B
T O J T Z I D I V Q P X T
T U X E R R N K T M X P B
J D Q D M G J G L E Y L N
```

*When the <u>cloud</u> <u>lifted</u> from above
the <u>tent</u>, <u>Miriam</u>'s <u>skin</u> was <u>leprous</u>—it
became as <u>white</u> as <u>snow</u>. <u>Aaron</u> turned
toward her and <u>saw</u> that she had a
<u>defiling</u> skin <u>disease</u>.*

CLOUD	WHITE
LIFTED	SNOW
TENT	AARON
MIRIAM	SAW
SKIN	DEFILING
LEPROUS	DISEASE

JOCHEBED:
MOTHER OF MOSES, AARON, AND MIRIAM

Numbers 26:59

```
J D E S C E N D A N T
S O S E T I V E L R K
I L C N L M D T P G M
S N A H A B R N V N Z
T M O R E M I R I A M
E P M R O B E B B V L
R A Y S A F E O V L N
V Y E G I A R D M G T
Y S Y W E E Q R G B K
```

The name of Amram's wife was Jochebed, a descendant of Levi, who was born to the Levites in Egypt. To Amram she bore Aaron, Moses and their sister Miriam.

NAME	EGYPT
AMRAM	BORE
WIFE	AARON
JOCHEBED	MOSES
DESCENDANT	SISTER
LEVITES	MIRIAM

RAHAB:
A SAVING ROPE TO THE LINE OF JESUS

Joshua 2:4, 11b, 15

```
J M N N E V A E H D P L
B Z N K K E L X L R O B
Q E M E V X W K N R D D
R R L O M L B J D Z G M
M W B O X D D P P N V N
T A J H W R N T Q R T P
Z D T R T A W I N D O W
R R G Y M R M Q D H R V
L M O O D R A K K O I M
L B W P T K X E P D W D
A G G X E N L Q J T R N
W R V D G L Z M W T P N
```

But the woman took the two men and hid them. "The Lord your God is indeed God in heaven above and on earth below." Then she let them down by a rope through the window, for her house was on the outer side of the city wall and she resided within the wall itself.

WOMAN	EARTH
MEN	BELOW
HID	DOWN
LORD	ROPE
HEAVEN	WINDOW
ABOVE	WALL

RAHAB:
PROTECTED BY GOD

Joshua 6:25

```
D E G N O L E B W R
M E S S E N G E R S
J L L A B D N A Y P
E D Y F V A U J I J
R E E X A H H S P M
I V M R S M R A H R
C I Y O A A I I R V
H L J P E P D L X Y
O R D L S Y S V Y Y
```

But Rahab the prostitute, with her family and all who belonged to her, Joshua spared. Her family has lived in Israel ever since. For she hid the messengers whom Joshua sent to spy out Jericho.

RAHAB	LIVED
FAMILY	ISRAEL
ALL	HID
BELONGED	MESSENGERS
JOSHUA	SPY
SPARED	JERICHO

DEBORAH:
GO NOT FOR GLORY
Judges 4:9

```
Y D A H A N D X G
L P A R V L G R R
E X D O E T L W N
R G A E R S O E K
U L R R B M I A S
S O O D A O R S D
Y R S N R A R A J
W Y E B B O E A T
W L J T Y L L K H
```

And she said, "I will _surely_ go with you. Nevertheless, the _road_ on which you are going will not _lead_ to your _glory_, for the _Lord_ will _sell Sisera_ into the _hand_ of a _woman_." Then _Deborah arose_ and went with _Barak_ to Kedesh.

SURELY	SISERA
ROAD	HAND
LEAD	WOMAN
GLORY	DEBORAH
LORD	AROSE
SELL	BARAK

JAEL:
VICTORY BY THE HAND OF A WOMAN

Judges 4:21

```
D D P D R O V E
N P O E T S A F
A G G W E L G H
H L E R N L A V
T E D P O M S R
E A B I M U Y A
N J W E E P N Y
T L R V R D J D
```

But <u>Jael</u> the wife of <u>Heber</u> took a <u>tent</u> peg, and took a <u>hammer</u> in her <u>hand</u>. Then she went softly to him and <u>drove</u> the peg into his temple until it went <u>down</u> into the <u>ground</u> while he was lying <u>fast</u> <u>asleep</u> from weariness. So he <u>died</u>.

JAEL	DROVE
HEBER	DOWN
TENT	GROUND
PEG	FAST
HAMMER	ASLEEP
HAND	DIED

DEBORAH:
A MOTHER IN ISRAEL

Judges 5:7

```
D P M O T H E R Y
E L E A R S I R D
R U D Y F K T E H
E N L A O N S A T
P D T E A U R W A
S E V S A O E R Q
O R A C B R O L R
R E E E G S S W V
P B D Q E Q B I G
```

The peasantry prospered in Israel;
they grew fat on plunder,
because you arose, Deborah,
arose as a mother in Israel.

PEASANTRY	BECAUSE
PROSPERED	YOU
ISRAEL	AROSE
GREW	DEBORAH
FAT	MOTHER
PLUNDER	ISRAEL

DEBORAH:
THE SONG OF DEBORAH
Judges 5:12

```
T M P W Z Y B K J B B D
W N G G B Y L Z A D E U
S O N M Y Z Q W Q B T N
S E V I T P A C O T E D
A G N X M K J R E S Y Y
W B N N E N A R I D Y N
A Y I O R H Z R J B Y N
Y Y O N S B A D A E L X
K D W U O N T R Q M L M
G M Y W R A A R Y Z N X
Z Y V R N K M X T J Y K
```

Awake, awake, *Deborah!*
　　Awake, awake, *utter* a *song!*
Arise, *Barak*, *lead* *away* *your* *captives*,
　　O *son* of *Abinoam.*

AWAKE	LEAD
DEBORAH	AWAY
UTTER	YOUR
SONG	CAPTIVES
ARISE	SON
BARAK	ABINOAM

JAEL:
CELEBRATED BY DEBORAH
Judges 5:24, 27a

```
G D G J H T T Q N
B L E S S E D V J
M M G A T W B A F
O K N I O F E E N
S K N M J L E Y R
T E E T W T L L Y
K N N L L I T S L
Y E N Z Q B F T T
T J P J V K W E G
```

Most blessed of women be Jael,
    the wife of Heber the Kenite,
    of tent-dwelling women most blessed.
Between her feet he sank, he fell,
    he lay still.

MOST	KENITE
BLESSED	TENT
WOMEN	FEET
JAEL	SANK
WIFE	FELL
HEBER	STILL

WOMAN OF THEBEZ:
DELIVERED HER PEOPLE FROM ABIMELECH

Judges 9:52-53

```
N R U B P M D T M F
N N K N X Z O I I D
R R Z Q Y W L R G T
A B I M E L E C H T
Y P Y R S V W G K S
W X J T R N U E K L
M O O Z H O E U R R
W N M L F R L A O D
E Y L A D L E O R G
V Q Y N N P D W R Q
```

And Abimelech came to the tower and fought against it and drew near to the door of the tower to burn it with fire. And a certain woman threw an upper millstone on Abimelech's head and crushed his skull.

ABIMELECH	BURN
TOWER	FIRE
FOUGHT	WOMAN
DREW	THREW
NEAR	MILLSTONE
DOOR	SKULL

DAUGHTER OF JEPHTHAH:
A TRAGIC VOW

Judges 11:30-31

```
P  J  P  E  A  C  E  M  B  Q  V  O  J
T  L  L  J  T  M  E  M  T  Y  F  D  Y
J  J  T  N  E  S  M  E  E  F  W  O  V
Y  Y  R  J  U  P  E  O  E  V  N  V  L
R  U  G  O  Y  M  H  R  N  R  I  N  N
B  T  H  Y  B  M  I  T  U  I  Q  G  D
L  L  P  Z  Y  N  T  T  H  S  T  M  X
Y  L  L  N  G  P  E  X  R  A  D  E  N
Z  R  X  N  G  R  J  O  D  B  H  D  S
T  L  T  Q  J  Y  O  L  Y  R  Z  B  L
B  Y  R  G  N  D  J  D  N  T  O  R  Y
Z  T  P  V  Y  R  Q  X  W  Q  G  L  W
```

And _Jephthah_ made a _vow_ to the _Lord_ and said, "If you will _give_ the _Ammonites_ into my hand, then whatever comes out from the _doors_ of my _house_ to _meet_ me when I _return_ in _peace_ from the Ammonites shall be the Lord's, and I will offer it up for a _burnt_ offering."

JEPHTHAH	HOUSE
VOW	MEET
LORD	RETURN
GIVE	PEACE
AMMONITES	BURNT
DOORS	OFFERING

SAMSON'S MOTHER: BELIEVED THE ANGEL
Judges 13:5

```
S  B  I  R  T  H  S  H  E  N  P
E  Z  Q  A  G  O  E  V  A  W  G
N  B  L  Z  N  A  I  Z  G  T  K
I  R  T  O  D  E  I  Q  D  I  L
T  B  M  R  C  R  K  G  S  O  B
S  Y  T  N  I  N  J  R  I  L  G
I  G  O  T  Y  G  A  W  M  V  Y
L  C  E  V  M  E  K  O  L  N  E
I  Q  J  V  L  Y  T  M  G  R  B
H  T  J  Z  A  Z  Q  B  N  D  B
P  V  L  V  B  S  Y  R  Z  K  Y
```

"For behold, you will <u>conceive</u> and <u>give</u> <u>birth</u> to a <u>son</u>, and no <u>razor</u> shall come upon his <u>head</u>, for the boy shall be a <u>Nazirite</u> to <u>God</u> from the <u>womb</u>; and he will begin to <u>save</u> Israel from the hands of the <u>Philistines</u>."

CONCEIVE	NAZIRITE
GIVE	GOD
BIRTH	WOMB
SON	SAVE
RAZOR	ISRAEL
HEAD	PHILISTINES

DELILAH:
BETRAYED SAMSON FOR MONEY
Judges 16:18

```
S T H G U O R B T D T
Y E N O M L T M K E Y
D T N D K L G O R Q P
W E N I G Q H C L V M
H L L P T A E L M D B
O G B L L S S E J J Y
L T N I A W I D M B R
E N L E T C P L R O Y
B E P M B N T J I O C
D S D I L X M B M H L
N P L T N J N Y R P P
```

When _Delilah_ realized that he had _told_ her his _whole_ _secret_, she _sent_ and _called_ the _lords_ of the _Philistines_, saying, "This _time_ _come_ up, for he has told his whole secret to me." Then the lords of the Philistines came up to her and _brought_ the _money_ in their hands.

DELILAH	LORDS
TOLD	PHILISTINES
WHOLE	TIME
SECRET	COME
SENT	BROUGHT
CALLED	MONEY

MICAH'S MOTHER:
TEMPTED BY IDOLS

Judges 17:4

```
D Y R S T N D Z V M T
R J S O E E Y R T D L
Y E O I V C E G A M I
E K H R L S E M Y N D
N M A T T V E I H R M
O C I O O T E O P M X
M W R C A M U R Q D Q
X E T L A S M A D E L
D R B T E H V T T D B
```

So when he _restored_ the _money_ to his _mother_, his mother _took_ 200 _pieces_ of _silver_ and gave it to the silversmith, who _made_ it into a _carved image_ and a _metal_ image. And it was in the _house_ of _Micah_.

RESTORED	MADE
MONEY	CARVED
MOTHER	IMAGE
TOOK	METAL
PIECES	HOUSE
SILVER	MICAH

ORPAH:
REJECTED NAOMI AND GOD
Ruth 1:14a-15

```
M L P R R V B N M Q E A
K R Y T E Q B Q G Y F R
Z X J X T Q N T B T U Q
X T N T S N L D E T K J
D E S S I K O R H Z W D
P R S Z S O R P A H G P
P E R D G N C K K O J P
B T O P O L R C N T T N
R U J P U G A E N V Q D
X R D N L B B K J N V Y
N N G M X E N J M B Y X
```

Orpah _kissed_ her mother-in-law _goodbye_, but _Ruth_ _clung_ to her. So she said, "Look, your _sister_-in-law has _gone_ _back_ to her _people_ and to her _gods_; _return_ _after_ your sister-in-law."

ORPAH	GONE
KISSED	BACK
GOODBYE	PEOPLE
RUTH	GODS
CLUNG	RETURN
SISTER	AFTER

RUTH:
LOYAL TO FAMILY AND THE LORD
Ruth 1:16

```
B D W G L L J X R Z
G Y O E M J O L L R
B N A G E E V D B Y
T V I M L P R A G S
E U O W P Y C E S E
N R R L O K O E H T
F D L N E L R U Y W
H T U R P P L Y R L
L B W D J L P O N X
Q G T Y N D Q J F W
```

But Ruth said,
   "Do not press me to leave you,
   to turn back from following you!
Where you go, I will go;
   where you lodge, I will lodge;
your people shall be my people
   and your God my God."

RUTH   FOLLOWING
PRESS   WHERE
LEAVE   LODGE
TURN   YOUR
BACK   PEOPLE
FROM   GOD

NAOMI AND RUTH:
FAMILIAL DEVOTION

Ruth 1:22

```
M R R G C V G N R M N J
D E E H B A A T O B R N
A T H K A O M A Y Y J B
U U T E M R B E R T N D
G R E I L I V T Y B W
H N G P T H N E E L B R
T E O E B U T L S H B M
E D T A O V R E T T L M
R Y C C K A K U B A O M
G K V N B T R V Q Q K T
```

So Naomi returned together with Ruth the Moabite, her daughter-in-law, who came back with her from the country of Moab. They came to Bethlehem at the beginning of the barley harvest.

NAOMI	BACK
RETURNED	COUNTRY
TOGETHER	MOAB
RUTH	BETHLEHEM
MOABITE	BARLEY
DAUGHTER	HARVEST
CAME	

RACHEL AND LEAH:
MOTHERS OF ISRAEL

Ruth 4:11a

```
S  T  F  A  M  I  L  Y  R  B  D
E  M  M  G  G  E  P  E  M  G  Y
S  L  A  L  H  D  H  A  E  L  N
S  T  P  C  E  T  N  A  M  O  W
E  R  A  O  E  A  T  T  D  B  L
N  R  E  G  E  L  R  R  N  N  N
T  N  O  D  I  P  O  S  K  Q  G
I  T  J  U  L  L  J  L  I  J  Z
W  L  B  Q  X  E  Z  N  M  T  M
```

Then the elders and all the people at the gate said, "We are witnesses. May the Lord make the woman who is coming into your home like Rachel and Leah, who together built up the family of Israel.

ELDERS	RACHEL
PEOPLE	LEAH
GATE	TOGETHER
WITNESSES	BUILT
LORD	FAMILY
WOMAN	ISRAEL

NAOMI:
A SURVIVOR THROUGH GOD'S PROVISION

Ruth 4:14

```
B L E S S E D R R
T U O H T I W E T
I S R A E L N H B
I E N L X O I N D
L M N E W S B D D
O A O N M L N I K
R N E A Y O E R B
D D L A N R W F N
K X D K J Q D N T
```

Then the <u>women</u> said to <u>Naomi</u>, "<u>Blessed</u> be the <u>Lord</u>, who has not <u>left</u> you <u>this</u> <u>day</u> <u>without</u> next-of-<u>kin</u>, and may his <u>name</u> be <u>renowned</u> in <u>Israel!</u>

WOMEN	DAY
NAOMI	WITHOUT
BLESSED	KIN
LORD	NAME
LEFT	RENOWNED
THIS	ISRAEL

PENINNAH:
GAVE IN TO JEALOUSY

1 Samuel 1:4-6a

```
H P M H D W O M B J V R M R
A R E A P E G M D R M T I Q
N O P N K O C R T L M V R Z
A V B N I N R I Q P A Y T W
K O B A D N D T F L Z L Z J
L K T H D O N C I I P D N J
E E M E U D L A W O R X G R
M Y V B B O R W H R N C L Y
Y O L Y S Q J O M L D S A R
L E R E Z Q Y M L G Z B M S
B P D Y P D K Y M J J J Y J D
```

On the day when _Elkanah_ _sacrificed_, he would give _portions_ to his wife _Peninnah_ and to all her sons and daughters, but to _Hannah_ he gave a _double_ portion because he _loved_ her, though the _Lord_ _had closed_ her _womb_. Her _rival_ used to _provoke_ her severely.

ELKANAH	LOVED
SACRIFICED	LORD
PORTIONS	CLOSED
PENINNAH	WOMB
HANNAH	RIVAL
DOUBLE	PROVOKE

HANNAH:
LOVED BY ELKANAH

1 Samuel 1:8

```
D B N M H E S E P B
W N O E A A L X Z T
D R A T D K T H M L
E R T B A N A H T M
T X T N S N P Y R
W L A O N U E T E N
H H N A M E H J L D
Y S H R W B W Z Y Y
```

Her *husband* *Elkanah* said to her,
"*Hannah*, *why* do you *weep*? Why do you
not *eat*? Why is your *heart* *sad*? Am I not
more to you *than* *ten* *sons*?"

HUSBAND	HEART
ELKANAH	SAD
HANNAH	MORE
WHY	THAN
WEEP	TEN
EAT	SONS

HANNAH:
POURED OUT SOUL TO THE LORD
1 Samuel 1:15

```
L T R Q R J M Y T P T Y W
P D Q B N L L R Y Y L Q K
O J R J D V O B V G Z M Y
U R W Y R U N D N G J R X
R K Z B B Q H T E B L L M
I N B L Y A X T Y E T N B
N E E R N S O U L J P E Z
G D N N G N O R T S F L D
K W A I V Y D R B O K B Y
N H O Q W R J T R Q L L M
U Y Y M O B M E U P M M P
R M P L A Y D W J O N Q N
D M D M Y N N N R Y Q W D
```

But <u>Hannah</u> answered, "No, my lord, I am a <u>woman</u> <u>deeply</u> <u>troubled</u>; I have <u>drunk</u> neither <u>wine</u> nor <u>strong</u> drink, but I have been <u>pouring</u> <u>out</u> my <u>soul</u> <u>before</u> the <u>Lord</u>."

HANNAH	STRONG
WOMAN	POURING
DEEPLY	OUT
TROUBLED	SOUL
DRUNK	BEFORE
WINE	LORD

HANNAH:
MOTHER OF SAMUEL

1 Samuel 1:20

```
D E V I E C N O C R B W
T G J P W N P V L T Q J
I G N Y L Q G X Y W W D
M S Q Y Y V G Q D P G Z
E B A M G Z N N Q R V T
M N L I M R H S O B B L
D Z Z M D A A N O S O Q
E Y G L N M N R A R M B
K Q B N U J E M D M R D
S N A E U D I M M N E B
A H L L W H W G K L K D
```

In due time Hannah conceived and bore a son. She named him Samuel, for she said, "I have asked him of the Lord."

DUE	NAMED
TIME	SAMUEL
HANNAH	SAID
CONCEIVED	ASKED
BORE	HIM
SON	LORD

HANNAH:
TRUSTED THE POWER OF PRAYER

1 Samuel 2:1

```
M E R V Q V M P S L B R
S C H P I O D E Y A R P
E I M T U C D L E B L L
I O H T G I T X P M J K
M J H A R N U O G O D P
E E N E L R R T M J
N R D L T N N R R Y W Z
E B O S Z L A A T L R M
Z R N N B X E H Z S G Z
D R T M J H N Y T L L Z
```

Hannah prayed and said,
"My heart exults in the Lord;
* my strength is exalted in my God.*
My mouth derides my enemies
* because I rejoice in your victory."*

HANNAH	GOD
PRAYED	MOUTH
HEART	DERIDES
EXULTS	ENEMIES
LORD	REJOICE
STRENGTH	VICTORY

ICHABOD'S MOTHER:
DEVOTED TILL DEATH

1 Samuel 4:21

```
D N A B S U H T B J
N D I S R A E L C L
A A E B F D W A L D
M R N P L A P T O X
E K Y I A T T B R M
D J H R U R A H M N
O C P R O H T O E L
G B E N C L R E L R
Z D V I Y F G L D L
```

And she <u>named</u> the <u>child</u> <u>Ichabod</u>, saying, "The <u>glory</u> has <u>departed</u> <u>from</u> <u>Israel</u>!" because the <u>ark</u> of <u>God</u> had been <u>captured</u> and because of her <u>father</u>-in-law and her <u>husband</u>.

NAMED	ISRAEL
CHILD	ARK
ICHABOD	GOD
GLORY	CAPTURED
DEPARTED	FATHER
FROM	HUSBAND

FEMALE WATER-DRAWERS:
POINTED SAUL'S WAY TO SAMUEL

1 Samuel 9:11-12

```
Y R R U H R N R W C N D
B T Q W L P X E O R B W
A H E A D P L M M Z R D
T R Y Z W L E A L O L D
N W R A V J C O C P W L
J R R E Y I J L P E G H
D D Y O T S E E R L G L
W M U Y Z A V Y Y I E R
R N Q W R B W T H B Q T
G B P Q J R G M Y P B Q
```

As they went up the hill to the <u>city</u>, they met <u>young</u> <u>women</u> coming out to <u>draw</u> <u>water</u> and said to them, "Is the <u>seer</u> here?" They answered, "He is; behold, he is just <u>ahead</u> of you. <u>Hurry</u>. He has <u>come</u> just now to the city, because the <u>people</u> have a sacrifice today on the <u>high</u> <u>place</u>."

CITY	AHEAD
YOUNG	HURRY
WOMEN	COME
DRAW	PEOPLE
WATER	HIGH
SEER	PLACE

MUSICAL WOMEN:
CELEBRATED VICTORY

1 Samuel 18:6

```
T M P B Z T S L Y R B V V
N T V H Z G B E D W B J N
D D G Y I N B D I O B Z N
I P M N Q L W D Y T W M G
D S G N I K I R T S I N V
G I R B Q G P S K S I C S
N R V A R Q N P T C A O N
I T T A E V Y I N I N U D
K P J V D L N A S G N G L
Y D Z D N T D Z S N Y E V
K O M M D L W R B N P Z M
Z B J R V W Z L Q J K M N
```

As they were coming home, when __David__ returned from __striking__ __down__ the __Philistine__, the women came out of all the __cities__ of __Israel__, __singing__ and __dancing__, to meet __King__ __Saul__, with tambourines, with __songs__ of __joy__, and with musical instruments.

DAVID	SINGING
STRIKING	DANCING
DOWN	KING
PHILISTINE	SAUL
CITIES	SONGS
ISRAEL	JOY

ABIGAIL:
PEACEMAKER THROUGH PROPHECY

1 Samuel 25:29a

```
E T D K E E S T W
D R D E L R R D N
R W U L S E A P R
O S I C A A O C D
L K A S E U H N Z
Y D U F C S E C D
Q R I H E V G O D
E L K Y E G Y L N
```

"Even when you are chased by those who seek to kill you, your life is safe in the care of the Lord your God, secure in his treasure pouch!"

EVEN	CARE
CHASED	LORD
SEEK	GOD
KILL	SECURE
LIFE	TREASURE
SAFE	POUCH

ABIGAIL:
PROTECTED BY DAVID

1 Samuel 25:42

```
B Y G M P J M L P N B
L M E S S E N G E R S
B I J K S A J Z K Y G
E R A D N Q W E F I W
C A I G D O T A G X G
A A F I I E D L Y G X
M Z V T V B D W E N T
E A V I E K A O T Q B
D J F X L R G G R R N
```

Abigail got up hurriedly and rode away on a donkey; her five maids attended her. She went after the messengers of David and became his wife.

ABIGAIL	WENT
RODE	AFTER
AWAY	MESSENGERS
DONKEY	DAVID
FIVE	BECAME
MAIDS	WIFE

MICHAL:
LOVED DAVID BUT NOT THE LORD

2 Samuel 6:16

```
D C I T Y D N L Y
G E G N I K E Q L
N K S V W A S L T
I H A I P S A U L
C D E I P H V L B
N X N A C S O K J
A G R I R R E R Z
D K M P D T B D J
```

As the <u>ark</u> of the <u>Lord</u> came into the <u>city</u> of <u>David</u>, <u>Michal</u> daughter of <u>Saul</u> looked out of the window and <u>saw</u> King David <u>leaping</u> and <u>dancing</u> before the Lord, and she <u>despised</u> him in her <u>heart</u>.

ARK	SAW
LORD	KING
CITY	LEAPING
DAVID	DANCING
MICHAL	DESPISED
SAUL	HEART

BATHSHEBA:
LOST A BABY DUE TO DAVID'S SIN

2 Samuel 12:13a-14

```
W W S L D G D N L X Y
N I Z A M E D N B Q T
N A V B N L W B L R P
K I T R I X Y B B D D
D Y O H Y L R E T T U
D C C B A A L M L T T
S E O E P N W O Q X M
P R E I U T R A W Y V
N L M D T D T N Q L V
```

Nathan said to David, "Now the Lord has put away your sin; you shall not die. Nevertheless, because by this deed you have utterly scorned the Lord, the child born to you shall die."

NATHAN	DIE
DAVID	DEED
LORD	UTTERLY
PUT	SCORNED
AWAY	CHILD
SIN	BORN

WOMAN OF TEKOAH:
PERFECTLY DELIVERED PLEA
2 Samuel 14:14

```
D J G D X N L G W R
E D I R I D A W A Y
V E E A O T E F I L
I M G L H U W X R X
S A E E L A N E W K
E L R A T I K D Y Z
S E T E N A P G O D
D P R T T S B S R N
```

"We must all <u>die</u>; we are like <u>water</u> <u>spilled</u> on the <u>ground</u>, which cannot be <u>gathered</u> up <u>again</u>. But <u>God</u> will not <u>take</u> <u>away</u> <u>life</u>, and he <u>devises</u> <u>means</u> so that the banished one will not remain an outcast."

DIE	GOD
WATER	TAKE
SPILLED	AWAY
GROUND	LIFE
GATHERED	DEVISES
AGAIN	MEANS

WOMAN OF EN-ROGEL:
HID MESSENGERS TO SAVE DAVID

2 Samuel 17:19-20a

```
A X S S Z M P Z H P T T
H T T B P X E T Y W Z J
I N N J M R U A E Q G T
M C A W W O E L L G M R
A O V H M O L A S B A Q
A V R E T L D P D R Y M
Z E E R B A R L E Y P J
B R S E P X N W O M A N
Y Q X Y R L N O T T P R
N K P P G N J R J X B G
```

And the woman took a cover and spread it over the well's mouth and scattered barley meal on it, so that nothing was known. Then Absalom's servants came to the woman at the house and said, "Where are Ahimaaz and Jonathan?"

WOMAN	MEAL
COVER	ABSALOM
SPREAD	SERVANTS
WELL	WHERE
MOUTH	AHIMAAZ
BARLEY	JONATHAN

RIZPAH:
DEFENDER OF THE DEAD
2 Samuel 21:10

```
S T S A E B H N S
R K H H W A P A J
D H A E P O C L V
B I A Z A K L F B
A I I R C V I L D
R R R L V E E N A
N O O D L E I N A
N T C D S A S I S
H D R K R L R T M
```

Then <u>Rizpah</u> the daughter of <u>Aiah</u> took <u>sackcloth</u> and spread it for herself on the <u>rock</u>, from the beginning of <u>harvest</u> until <u>rain</u> fell upon them from the <u>heavens</u>. And she did not <u>allow</u> the <u>birds</u> of the <u>air</u> to come upon them by day, or the <u>beasts</u> of the <u>field</u> by night.

RIZPAH	HEAVENS
AIAH	ALLOW
SACKCLOTH	BIRDS
ROCK	AIR
HARVEST	BEASTS
RAIN	FIELD

BATHSHEBA:
MOTHER OF SOLOMON

1 Kings 1:17

```
M S G K Y L T X T Y
T O O O I N L O R D
D H U L A N S Z Q P
L R R V O W G A J D
X L R O O M F S O N
S E A R N T O W L Y
S I E H E E M N N T
Y W T R S R N X B B
```

She said to him, "My lord, you yourself _swore_ to me _your_ _servant_ by the _Lord_ your _God:_ '_Solomon_ your _son_ _shall_ be _king_ _after_ me, and he will _sit_ on my _throne._'"

SWORE	SON
YOUR	SHALL
SERVANT	KING
LORD	AFTER
GOD	SIT
SOLOMON	THRONE

THE TRUE MOTHER:
SOLOMON JUDGES WISELY

```
W N H R Z Y R L G B
O S C I E M I P L D
M N L H M V S K V N
A A P L I T I D T T
N E G N I L E G K P
G M G R K K D N O S
M N R J O I E L R M
V E I P P N L Z R J
D M S K O J K L G T
```

But the <u>woman</u> whose <u>child</u> was the <u>living</u> <u>one</u> <u>spoke</u> to the <u>king</u>, for she was deeply <u>stirred</u> over her <u>son</u>, and she said, "Pardon me, my lord! <u>Give</u> her the living child, and by no <u>means</u> <u>kill</u> <u>him</u>!"

WOMAN	STIRRED
CHILD	SON
LIVING	GIVE
ONE	MEANS
SPOKE	KILL
KING	HIM

JEZEBEL:
BLOODY AMBITION

2 Kings 9:7

```
E J M M R M A S T E R
K P R O P H E T S Y T
I Y M A E R J N D Z B
R N L S V E R O B B Y
T L U A Z B W A M M R
S O N E L N H R X K Z
H T B O O A V E N G E
S E O P R R G G W P Q
L D R M D Q K D B P B
```

You shall <u>strike</u> <u>down</u> the <u>house</u> of your <u>master</u> <u>Ahab</u>, so that I may <u>avenge</u> on <u>Jezebel</u> the <u>blood</u> of my <u>servants</u> the <u>prophets</u> and the blood of <u>all</u> the servants of the <u>Lord</u>.

STRIKE
DOWN
HOUSE
MASTER
AHAB
AVENGE

JEZEBEL
BLOOD
SERVANTS
PROPHETS
ALL
LORD

QUEEN OF SHEBA:
SEEKER OF WISDOM

1 Kings 10:2b-3

```
G Y Q U E S T I O N S
Y N G E R S N Z C Q V
D W I T X O P O K N Y
W E R H M P N O O L K
T Q R O T C L T K D T
K R L E E Y H A T E J
G O A A W I R M I A Y
S N L E N S O E L N D
T E I G H R N L V P M
D Q T K F J B A Y E Q
```

When she came to <u>Solomon</u>, she <u>spoke</u> to him about <u>everything</u> that was in her <u>heart</u>. And Solomon <u>answered</u> <u>all</u> her <u>questions</u>; <u>nothing</u> was <u>concealed</u> <u>from</u> the <u>king</u> which he did not <u>explain</u> to her.

SOLOMON	QUESTIONS
SPOKE	NOTHING
EVERYTHING	CONCEALED
HEART	FROM
ANSWERED	KING
ALL	EXPLAIN

WIDOW OF ZAREPHATH: SHARED HER LAST MORSEL

1 Kings 17:16

```
H W N Y L E V Y N D X W
D A G S M Y G Y B V G J
T L J P P J A R K B W V
R H T I L O V D E S U R
T Y R O L W K C Q P U L
B K R O N E O E B O I R
Q D M B U M Q R L O T T
T G Y B E G J F D N W L
L T Y V R N H R M J L L
```

The <u>bowl</u> of <u>flour</u> was not <u>used</u> up, nor did the <u>jar</u> of <u>oil</u> <u>become</u> <u>empty</u>, in accordance with the <u>word</u> of the <u>Lord</u> which He <u>spoke</u> <u>through</u> <u>Elijah</u>.

BOWL	EMPTY
FLOUR	WORD
USED	LORD
JAR	SPOKE
OIL	THROUGH
BECOME	ELIJAH

WIDOW WITH THE OIL:
FAITH THAT MULTIPLIED

2 Kings 4:2

```
B J G N I H T O N N
A T S Y D N W T Y T
J H O H A I P Z D M
H U S V A E A H J X
R A R I C L O S X X
Y E V X L U L R A J
S J E E S E W H A T
O I L E T Q Y Z R M
```

So _Elisha_ _said_ to her, "_What_ _shall_ I do for
you? Tell me, what do you _have_ in the
house?" And she said, "_Your_ _servant_ has
nothing in the house _except_ a _jar_ of _oil_."

ELISHA	YOUR
SAID	SERVANT
WHAT	NOTHING
SHALL	EXCEPT
HAVE	JAR
HOUSE	OIL

SHUNAMMITE WOMAN:
BLESSED ELISHA WITH HOSPITALITY

2 Kings 4:9-10a

```
A B Y J Z J C H A I R
G W K Q Y Z X R Q B N
D N A T S P M A L J R
E M I R H T B U Z D Y
M L Y S E O P K Y B X
N O B D S P L B N T G
A W O A E A E Y D K M
M G D R T D P E K A M
```

And she said to her husband, "Behold now, I am <u>aware</u> that this is a <u>holy</u> <u>man</u> of <u>God</u> <u>passing</u> by us repeatedly. Please, let's <u>make</u> a little walled <u>upper</u> <u>room</u>, and let's set up a <u>bed</u> for him there, and a <u>table</u>, a <u>chair</u>, and a <u>lampstand</u>."

AWARE	UPPER
HOLY	ROOM
MAN	BED
GOD	TABLE
PASSING	CHAIR
MAKE	LAMPSTAND

SERVANT OF NAAMAN'S WIFE:
LED TO LEPROSY CURE

2 Kings 5:3

```
Y T N P N Z Q P L T M T
V L D X Z K R L Y Q M J
S L L T B O Z S D D B N
A S M J P P O D I A S Y
M T E H T R M A S T E R
A R E R P M W T M T Y M
R T W E T O C T M O Q W
I R L H U S N U N I Y B
A E T L O D I L R R H L
W H D R Q X Y M W E V Y
```

And she <u>said</u> to <u>her</u> <u>mistress</u>, "If <u>only</u> my <u>master</u> were with the <u>prophet</u> <u>who</u> is in <u>Samaria</u>! Then he <u>would</u> <u>cure</u> <u>him</u> of his <u>leprosy</u>."

SAID	WHO
HER	SAMARIA
MISTRESS	WOULD
ONLY	CURE
MASTER	HIM
PROPHET	LEPROSY

JEHOSHEBA:
PRESERVED THE LINE OF DAVID

2 Kings 11:2

```
J R P J B E D R O O M
D E V R L W E E D I H
H L H O I T Y E B T X
A S T O H N L A Y O R
W S A G S L C K B B R
A J U O I H I E K Y R
Y A T K J N E O S T V
D Y R R G X O B T T D
V W D M Z T J W A B D
```

But Jehosheba, the daughter of King Jehoram and sister of Ahaziah, took Joash son of Ahaziah and stole him away from among the royal princes, who were about to be murdered. She put him and his nurse in a bedroom to hide him from Athaliah; so he was not killed.

JEHOSHEBA	AWAY
DAUGHTER	ROYAL
KING	PRINCES
TOOK	BEDROOM
JOASH	HIDE
STOLE	KILLED

HULDAH:
SAVED THROUGH PROPHECY

2 Kings 22:19

```
E D Y B C R M L X T P P P
T H U M B L E D M N X Y T
A W N T N R O D R N G V Q
L J W R O D L T E A L N Y
O N R T E Q W M H S E Y Q
S P R I A P S E D I R H R
E L D L N R E Q P R N U N
D T O M N J B N O T L G C
M R Z D L R B S T X L N D
D B T B D A Y R M A Y W K
N T V V T P N D J M N V P
R M T Z D G J D N L L C Q
N R N G L G B T L Y Q L E
```

"You were _sorry_ and _humbled_ yourself before the _Lord_ when you _heard_ what I said against this city and its people—that this _land_ would be _cursed_ and become _desolate_. You _tore_ your _clothing_ in _despair_ and _wept_ before me in _repentance_. And I have indeed heard you, says the Lord."

SORRY	DESOLATE
HUMBLED	TORE
LORD	CLOTHING
HEARD	DESPAIR
LAND	WEPT
CURSED	REPENTANCE

HULDAH:
COMFORTED THROUGH PROPHECY
2 Chronicles 34:27

```
T A G A I N S T V
N T S E H T O L C
E B Y P P N H H D
T E W E L U E H J
I F W O M A E B T
N O X B R A C O X
E R L T R D R E L
P E M D O N S Y J
D X J G R T Q Q Q
```

"'. . . because your _heart_ was _penitent_ and you _humbled_ yourself _before_ _God_ when you _heard_ his _words_ _against_ this _place_ and its inhabitants, and you have humbled yourself before me and have _torn_ your _clothes_ and _wept_ before me, I also have heard you, says the Lord."

HEART	WORDS
PENITENT	AGAINST
HUMBLED	PLACE
BEFORE	TORN
GOD	CLOTHES
HEARD	WEPT

SHALLUM'S DAUGHTERS:
HELPED RESTORE CITY

Nehemiah 3:12

```
X L N B G B G M L M K H N
O F F I C I A L J D A K Z
M T N B N T Z E S L S T Z
U S R E J V R R L R W K Z
L B I R X U E O I D K G M
L M M H S T H A I F L A H
A J B A H E P S M R D L L
H R L G S E T V D E M Y M
S E U H R R S Z R J X B J
M A J Y I L Q O G V Y T J
D J J C D T M J N P L Z Q
Z Z T P Q J R Y Y X L R K
```

Next to him Shallum the son of Hallohesh, the official of half the district of Jerusalem, made repairs, he and his daughters.

NEXT	DISTRICT
SHALLUM	JERUSALEM
SON	MADE
HALLOHESH	REPAIRS
OFFICIAL	HIS
HALF	DAUGHTERS

VASHTI:
DISOBEYED TO MAINTAIN DIGNITY

Esther 1:12

```
E N R A G E D B L Z
M R E N J N U W D I
A L I U A R I E T B
C K T M N T S H K Q
E Y M E H U S Q U L
B O D I F A C E Y A
C Q N E V O E H N Q
L X R L M N M G S N
N M M E Y B E R V R
T T V V R R J Q Z K
```

But Queen Vashti refused to come at the king's command delivered by the eunuchs. At this the king became enraged, and his anger burned within him.

QUEEN	EUNUCHS
VASHTI	BECAME
REFUSED	ENRAGED
COME	ANGER
KING	BURNED
COMMAND	WITHIN

ESTHER:
LOYAL TO HER PEOPLE

Esther 2:10-11

```
T B N T M E R A H X X
T I T P N R M M D P K
W A R K E O T E D L Y
R C U E G O R N J W M
E E O B H D P F J Z D
V D C L N T A L W N B
E R L I L R S A E G D
A O K V E E L E D A Y
L M D D B K T M X Y L
```

Esther did not reveal her people or kindred, for Mordecai had charged her not to tell. Every day Mordecai would walk back and forth in front of the court of the harem to learn how Esther was and how she fared.

ESTHER	DAY
REVEAL	WALK
PEOPLE	FRONT
KINDRED	COURT
MORDECAI	HAREM
TELL	FARED

ESTHER:
WON THE KING'S FAVOR

Esther 2:17

```
T J M L G X D M V Y D R
D J N O I T O V E D O K
L J E R J B N G W V W B
X A V S L T O L A Q T B
N V Y I T X W F U B G T
Q T V O R H R E L B Y I
N Q K R R G E B M M T J
K W Q L L N I R J H L K
T D O O G M J N S L I D
G Q V R M O M A S N Y B
N E Y V C R V R G Q L T
D G R N T E X X Q N Z P
```

. . . the king loved Esther more than all the other women; of all the virgins she won his favor and devotion, so that he set the royal crown on her head and made her queen instead of Vashti.

KING

LOVED

ESTHER

MORE

VIRGINS

WON

FAVOR

DEVOTION

ROYAL

CROWN

QUEEN

VASHTI

Esther 4:14

```
D E L I V E R A N C E
A M N L K H J P W D B
R I M I S N O B R N B
I T T I A S O K T L D
S M R S I M S W A Q T
E E U T S I E Y S W Y
P C I D L I O R P J T
H O D E R R H E M O C
N Y N L T D Y T L D D
D T Z G V J L J M M N
```

"For if you <u>remain</u> <u>silent</u> at this time, relief and <u>deliverance</u> for the Jews will <u>arise</u> from another place, but you and your father's family will <u>perish</u>. And who <u>knows</u> but that you have <u>come</u> to your <u>royal</u> <u>position</u> for <u>such</u> a <u>time</u> as <u>this</u>?"

REMAIN	COME
SILENT	ROYAL
DELIVERANCE	POSITION
ARISE	SUCH
PERISH	TIME
KNOWS	THIS

ESTHER:
RISKED HER LIFE

Esther 4:16

```
A H S I R E P W A L
D G G S D R E T F A
T Z A R W D A Y S B
Y H I I R E H T A G
Z N R F N G J T A E
K Y A E N S W K P D
D S D I E L T V V Y
T X K G Q T W B N Y
```

"Go, _gather_ all the _Jews_ to be found in
Susa, and hold a _fast_ on my behalf, and
neither _eat_ nor _drink_ for _three_ _days_,
night or day. I and my maids will also
fast as you do. _After_ that I will go to the
king, though it is _against_ the _law_, and
if I _perish_, I perish."

GATHER	DAYS
JEWS	AFTER
FAST	KING
EAT	AGAINST
DRINK	LAW
THREE	PERISH

ESTHER:
SAVED HER PEOPLE
Esther 7:3

```
P R Q U E E N R L P
E E N L T K O P L R
T Q E B I V I E T W
I U V S A V A N P G
T E I F T S E E G E
I S G Y E H O S F Z
O T M S R P E I T Q
N O W Y L L L R N Z
R M J E L J N Q T N
```

Then Queen Esther answered, "If I have won your favor, O king, and if it pleases the king, let my life be given me—that is my petition—and the lives of my people—that is my request."

QUEEN	LIFE
ESTHER	GIVEN
WON	PETITION
FAVOR	LIVES
KING	PEOPLE
PLEASES	REQUEST

ESTHER:
ESTABLISHED PURIM

Esther 9:29, 32

```
P A I A C E D R O M L
R Q U E E N P C X I Y
A E N T R Q O U A R D
C D H J H M L H R K P
T R Q T M O I L R I V
I G Y A S B R E U D M
C J N Z A E T I E F N
E D W Q D T M X T V M
S Q M E E P I N W Y Y
X T M L J F J B Q J G
```

Queen _Esther_ daughter of _Abihail_, along with _Mordecai_ the _Jew_, gave _full_ written _authority_ confirming this second _letter_ about _Purim_. The _command_ of Esther _fixed_ these _practices_ of Purim, and it was recorded in writing.

QUEEN	AUTHORITY
ESTHER	LETTER
ABIHAIL	PURIM
MORDECAI	COMMAND
JEW	FIXED
FULL	PRACTICES

JOB'S WIFE:
CONTRAST TO HIS FIRM FAITH

Job 2:9-10a

```
F D G Z B T G M E Q G N
C O A D V E R S I T Y Y
U M O Q F S B A D B B J
R Q V L K R C W I F E H
S Y F A I C O G G R O N
E M E I E S O M O L M D
P P V P R O H B D Y B Z
S G T T D M G M B T K Q
```

Then his _wife_ said to him, "Do you still _hold_ _firm_ your integrity? _Curse_ _God_ and _die!_" But he said to her, "You are speaking as one of the _foolish_ women _speaks._ Shall we actually _accept_ good _from_ God but not accept _adversity_?"

WIFE	FOOLISH
HOLD	SPEAKS
FIRM	ACCEPT
CURSE	GOOD
GOD	FROM
DIE	ADVERSITY

LEMUEL'S MOTHER: JUSTICE SEEKER

Proverbs 31:1, 8-9

```
O P E N T K G K M
S T H G I R I V M
M L D V J N D J D
P O E N G U H D Y
E S T M E T D D J
O P P H U F E G N
P E O O E E E B E
L A M O N R L D R
E K X L R N Y Q T
```

The words of <u>King</u> <u>Lemuel</u>, the pronouncement which his <u>mother</u> taught him:
<u>Open</u> your <u>mouth</u> for the <u>people</u> who cannot <u>speak</u>,
For the <u>rights</u> of all the unfortunate.
Open your mouth, <u>judge</u> righteously,
And <u>defend</u> the rights of the <u>poor</u> and <u>needy</u>.

KING
LEMUEL
MOTHER
OPEN
MOUTH
PEOPLE

SPEAK
RIGHTS
JUDGE
DEFEND
POOR
NEEDY

DAUGHTERS OF ZION:
FLAMBOYANCE OVER FAITH

Isaiah 3:18-20

```
B E A U T Y S Q N D W
M S T B S T E L U M A
S T A Q Y T X P I R X
N G X S R K E Z Y E G
I A N L H R X L Z M V
A W Z I F E E M K T L
H A N U R L S X B N X
C Y M E K R L O R D A
B E K N M X A B Y X T
Y A A M N V T E L N D
T T T J L Z K D B L T
```

On that day the <u>Lord</u> will <u>take</u> <u>away</u> the <u>beauty</u> of their <u>anklets</u>, headbands, crescent ornaments, dangling <u>earrings</u>, bracelets, <u>veils</u>, headdresses, <u>ankle chains</u>, <u>sashes</u>, <u>perfume</u> boxes, <u>amulets</u>.

LORD	VEILS
TAKE	ANKLE
AWAY	CHAINS
BEAUTY	SASHES
ANKLETS	PERFUME
EARRINGS	AMULETS

MARY OF NAZARETH: THE PROPHECY OF ISAIAH

```
N A M E W V W B L
C M B N G I S E K
B O D I L N U L H
E V N L R N S I Z
H I T C A T M O L
O R E M E S H O N
L G M V E I R K Z
D I Z L I D V Z V
N N F Y Y G N E Y
```

Therefore the <u>Lord</u> <u>Himself</u> <u>will</u> <u>give</u> you a <u>sign</u>: <u>Behold</u>, the <u>virgin</u> will <u>conceive</u> and give <u>birth</u> to a <u>son</u>, and she will <u>name</u> Him <u>Immanuel</u>.

LORD

HIMSELF

WILL

GIVE

SIGN

BEHOLD

VIRGIN

CONCEIVE

BIRTH

SON

NAME

IMMANUEL

JEREMIAH'S MOTHER:
GAVE BIRTH TO SET-APART SON

Jeremiah 1:5

```
C A P P O I N T E D N
W O T E H P O R P R N
Y O N E V A H Z O A J
O G M S M P G B T Y M
U J G B E X M I P G J
R Q Q B L C O G D Z F
T D K K E N R L Y O W
K K N B S F B A R K Q
P E R E W T O M T N W
W Y V N Y B E R P E V
T Q D J D D D R E R D
```

*"Before I formed you in the womb I knew you,
And before you were born I consecrated you;
I have appointed you as a prophet to the nations."*

BEFORE	BORN
FORMED	CONSECRATED
YOU	HAVE
WOMB	APPOINTED
KNEW	PROPHET
WERE	NATIONS

EZEKIEL'S WIFE:
TAKEN AS A SIGN TO THE PEOPLE

Ezekiel 24:15-16

```
L Z X D X M L D K D
S U O I C E R P M E
L P E L R O P M K R
N A Q M W Z D A G M
E L T D A R T Y O V
M Y X A O C N U T P
W C E L F S R A E T
O O D S D N Q E Q D
L M N V L J W Z R Q
B E V G V K V J T K
```

And the <u>word</u> of the <u>Lord</u> <u>came</u> to me, saying, "Son of man, behold, I am about to <u>take</u> from you what is <u>precious</u> to your <u>eyes</u> with a <u>fatal</u> <u>blow</u>; but you shall not <u>mourn</u> and you shall not <u>weep</u>, and your <u>tears</u> shall not <u>come</u>."

WORD	FATAL
LORD	BLOW
CAME	MOURN
TAKE	WEEP
PRECIOUS	TEARS
EYES	COME

BELSHAZZAR'S MOTHER:
RECOGNIZED DANIEL'S WISDOM
Daniel 5:11a

```
N O I T A N I M U L L I T
N D Y M G L K T B D F H T
G A D W Y I L V N A G K Y
Y O M Y N W V U T I M I H
L Z D G I V O H S D D B Y
O N D S L F E N P A N Y N
H O D T I R I P S Y V N N
M O T L W T Y T L S T J B
M N Z N M X N N V N R P W
```

"There is a <u>man</u> in your <u>kingdom</u> in whom is a <u>spirit</u> of the <u>holy</u> <u>gods</u>; and in the <u>days</u> of your <u>father</u>, <u>illumination</u>, <u>insight</u>, and <u>wisdom</u> like the wisdom of the gods were <u>found</u> in <u>him</u>."

MAN	FATHER
KINGDOM	ILLUMINATION
SPIRIT	INSIGHT
HOLY	WISDOM
GODS	FOUND
DAYS	HIM

MARY OF NAZARETH:
WITH CHILD FROM HOLY SPIRIT

Matthew 1:18

```
B S P I R I T J D
R E H T E G O T R
T H T J S S R E Q
S O K R E U H N D
I L B P O T S L M
R Y H I O T I E W
H T R M R H H I J
C D J A C T T E P
L J T W M H H Q D
```

Now the <u>birth</u> of <u>Jesus</u> <u>Christ</u> took place in this way. When his <u>mother</u> <u>Mary</u> had been <u>betrothed</u> to <u>Joseph</u>, before they came <u>together</u> she was found to be <u>with</u> <u>child</u> from the <u>Holy</u> <u>Spirit</u>.

BIRTH
JESUS
CHRIST
MOTHER
MARY
BETROTHED

JOSEPH
TOGETHER
WITH
CHILD
HOLY
SPIRIT

PETER'S MOTHER-IN-LAW:
GRATEFUL TO SERVE JESUS
Matthew 8:14-15

```
R J L K E W B S D X M R
G Q J Y W M T D U Y N G
B P V V I I A E R S Q G
L E F T A N S C M W E Q
Y G R W M U G Q T T M J
M T R R O J P P L P L T
T T M H W R K E Q T O T
M W O J Y Z E T T U T N
M Q T N Q D M V C E D Q
T L H D E B Z H E N R M
D M E D J W E D A F Y M
Z Y R G X D B H R R B R
```

When *Jesus* *came* into *Peter's* *house*, he saw Peter's *mother-in-law* *lying* in *bed* with a *fever*. He *touched* her *hand* and the fever *left* her, and she got up and began to *wait* on him.

JESUS	BED
CAME	FEVER
PETER	TOUCHED
HOUSE	HAND
MOTHER	LEFT
LYING	WAIT

QUEEN OF SHEBA:
SOUGHT BEYOND EARTHLY WISDOM

Matthew 12:42

```
T L Z G L T Y D B S
N V P D Z H B W D S
E C O N D E M N O H
M R S M Y A E U E H
G O E O X R T R T M
D Q D T L H E R K Y
U E U S A O A W Z D
J S L E I E M V G D
Z I N L E W R O G T
Y R L T K N R G N L
```

The <u>queen</u> of the <u>South</u> will <u>rise</u> up at the <u>judgment</u> with this generation and <u>condemn</u> it, for she came from the <u>ends</u> of the <u>earth</u> to <u>hear</u> the <u>wisdom</u> of <u>Solomon</u>, and behold, something <u>greater</u> than Solomon is <u>here</u>.

QUEEN	EARTH
SOUTH	HEAR
RISE	WISDOM
JUDGMENT	SOLOMON
CONDEMN	GREATER
ENDS	HERE

WOMAN WITH LEAVEN:
POWER OF THE KINGDOM OF HEAVEN

Matthew 13:33

```
M O D G N I K X L L T B L
L W R X L E L F R X Y Y M
P L G X Y G V L L M Y K D
A T T R Z Y L A Z O B G P
R Y M P K R B G E J U T V
A M Z M P S E X N L G R J
B J K J A Q E H L A B K L
L N E L K D Q R T M M N L
E E L E L J Y M U O R O B
R V X O R B T Y N S N R W
P A T M H H T T G M A A B
X E D I Y J T B D N L E R
D H D Z J R Z J R B B L M
```

He <u>told</u> them <u>another</u> <u>parable</u>. "The <u>kingdom</u> of <u>heaven</u> is like <u>leaven</u> that a <u>woman</u> took and <u>hid</u> in <u>three</u> <u>measures</u> of <u>flour</u>, till it was <u>all</u> leavened."

TOLD	WOMAN
ANOTHER	HID
PARABLE	THREE
KINGDOM	MEASURES
HEAVEN	FLOUR
LEAVEN	ALL

HERODIAS'S DAUGHTER:
DANCED FOR JOHN THE BAPTIST'S HEAD
Matthew 14:8-10

```
B E H E A D E D C D T M
A N P G R G D O A P V Q
P G D L N E M E R V D G
T N R I A M H I E V I G
I O K I A T S T N Y N T
S N A N E O T G O R Y M
T J D T N V T E Y M D X
L E O Z H Y E Y R M Y Y
D D G H X S Y D J V D G
D M V Q N G N Y R Q J N
```

Prompted by her <u>mother</u>, she said, "<u>Give</u> me the <u>head</u> of <u>John</u> the <u>Baptist</u> here on a <u>platter</u>." The <u>king</u> was <u>grieved</u>, yet out of regard for his <u>oaths</u> and for the guests, he <u>commanded</u> it to be given; he sent and had John <u>beheaded</u> in the <u>prison</u>.

MOTHER	KING
GIVE	GRIEVED
HEAD	OATHS
JOHN	COMMANDED
BAPTIST	BEHEADED
PLATTER	PRISON

CANAANITE WOMAN:
BEGGED FOR DAUGHTER'S HEALING

Matthew 15:22

```
E W Q N M Q P L M G T B
R T D Y O N Q J L V K N
E D I D E S S E S S O P
T A R N W N C R Y I N G
H V R Z A D W C H A V E
G I R M E A R B E G N D
U D O M Z E N M Z N V R
A W O T M P A A L O R D
D N Z M Y C L R C D G Q
```

A Canaanite woman from that vicinity came to him, crying out, "Lord, Son of David, have mercy on me! My daughter is demon-possessed and suffering terribly."

CANAANITE	DAVID
WOMAN	HAVE
CAME	MERCY
CRYING	DAUGHTER
LORD	DEMON
SON	POSSESSED

SALOME:
MOTHER OF THE SONS OF ZEBEDEE
Matthew 20:21b-22a

```
T G Y R K T K R
F L N N I I L Y
E E O I N G S V
L W N G K U H K
L S D I S S H T
E O O E M A A D
M N J W N T I S
N S O D T R W B
```

She said to him, "Say that these _two_ _sons_ of _mine_ are to _sit_, _one_ at your _right_ _hand_ and one at your _left_, in your _kingdom_." _Jesus_ answered, "You do not _know_ what you are _asking_.

TWO	HAND
SONS	LEFT
MINE	KINGDOM
SIT	JESUS
ONE	KNOW
RIGHT	ASKING

TEN VIRGINS:
FIVE FOOLISH, FIVE WISE

Matthew 25:1, 3-4

```
M S K S A L F N E T
E O D K O T Q V D B
K D O Y I D M N B S
I H W R L N E N N W
L Y S Q G V G I W X
W T N I A E G D L T
I T O E L R D A O W
S G H O I O M I M M
E T P V K P O Y R R
R B N Y S Q N F V B
```

Then the _kingdom_ of _heaven_ will be _like_ _ten_ _virgins_ who _took_ their _lamps_ and went to meet the _bridegroom_. For when the _foolish_ took their lamps, they took no _oil_ with them, but the _wise_ took _flasks_ of oil with their lamps.

KINGDOM
HEAVEN
LIKE
TEN
VIRGINS
TOOK

LAMPS
BRIDEGROOM
FOOLISH
OIL
WISE
FLASKS

WOMAN WITH OINTMENT:
ANOINTED JESUS

Matthew 26:6-7

```
E P O U R E D J E S U S Z
X L B M L Z J G D G R D G
P D K M V R T T N E N D Z
E D A E H O Y V T W K R Q
N Z S W R R I S W G T T D
S K B I P E A N B O A Y Z
I X K P M B P E T B M T J
V V X S A O T E L M M A X
E D B L A H N E L G E Q N
Q K A M A L R N M M K N R
G M G N Z T F D Y N D N T
L B Y J Y N J Z V M W Y T
```

Now when <u>Jesus</u> was at <u>Bethany</u> in the house of <u>Simon</u> the <u>leper</u>, a <u>woman</u> came up to him with an <u>alabaster</u> <u>flask</u> of very <u>expensive</u> <u>ointment</u>, and she <u>poured</u> it on his <u>head</u> as he reclined at <u>table</u>.

JESUS	FLASK
BETHANY	EXPENSIVE
SIMON	OINTMENT
LEPER	POURED
WOMAN	HEAD
ALABASTER	TABLE

SERVANT GIRLS IN COURTYARD: CONNECTED PETER WITH JESUS

Matthew 26:71-72

```
S D E M D A N O T H E R
U Y Q C Y J P R W B L D
S N Q K N L D H S X L L
E T T T P A T E N R L L
J O R G M E R W N G T W
S A W A R V M T I I T R
M T N A A T X R N T E B
W H Z N D M L B N E H D
M A T W O N K N B K R D
N M M J Q P G R X B N Y
```

And when he went out to the <u>entrance</u>, <u>another</u> <u>servant</u> <u>girl</u> <u>saw</u> him, and she said to the bystanders, "This <u>man</u> was <u>with</u> <u>Jesus</u> of <u>Nazareth</u>." And again he <u>denied</u> it with an <u>oath</u>: "I do not <u>know</u> the man."

ENTRANCE	WITH
ANOTHER	JESUS
SERVANT	NAZARETH
GIRL	DENIED
SAW	OATH
MAN	KNOW

PILATE'S WIFE:
RECEIVER AND BELIEVER OF DREAM
Matthew 27:19

```
B Q D G I T D X X Q Z T
L E B D A N N K T Y T X
N G T E R J N T V P V Z
T R R A W Q N O S X N Q
M G E I L E J U C M A N
V D F G S I F Y X E M X
K E W X A F P D Y M N M
S Y D N E S E G D U J T
E B J R D Q S L J L Y L
A Y E E E V W E R R D X
T D A N N A R K M V R X
T L N B K W M M X T T G
```

While <u>Pilate</u> was sitting on the <u>judge's</u> <u>seat</u>, his <u>wife</u> <u>sent</u> him this <u>message</u>: "Don't have anything to do with that <u>innocent</u> <u>man</u>, for I have <u>suffered</u> a <u>great</u> <u>deal</u> today in a <u>dream</u> because of him."

PILATE   INNOCENT
JUDGE   MAN
SEAT   SUFFERED
WIFE   GREAT
SENT   DEAL
MESSAGE   DREAM

WOMEN AT CALVARY:
THE NAMELESS YET DEVOTED

Matthew 27:55

```
D W O M E N M E N
I D N S U S E J G
S Y E Z D L N N Q
T N D W I E I W E
A A W L O H E R T
N M A F C L E N E
C G R T H H L R J
E O A J T I A O N
M W J V D C S L F
```

Many women were there, watching from a distance. They had followed Jesus from Galilee to care for his needs.

MANY	FOLLOWED
WOMEN	JESUS
THERE	GALILEE
WATCHING	CARE
FROM	HIS
DISTANCE	NEEDS

MARY MAGDALENE AND MARY:
TRUSTED WITH RESURRECTION MESSAGE
Matthew 28:7

```
Q P W T N Q X R L Y B T M
L U T Y L Y E B V G R G M
M D I S T M R W B X O M Q
V S M C E Z M T M I M V X
N R E M K L D L N D E A D
N L B E W L P G J E K L W
Y E Q N O D Y I L L S Y Z
R M A T X N L I C M D I T
Q G D H O L L K Y S R J R
L B Q W E A M B Q L I Z L
Z G R T G A N G N Z D D J
G W B D R L D V V W B W T
```

"And now, go quickly and tell his disciples that he has risen from the dead, and he is going ahead of you to Galilee. You will see him there. Remember what I have told you."

NOW	GOING
QUICKLY	AHEAD
TELL	GALILEE
DISCIPLES	SEE
RISEN	REMEMBER
DEAD	TOLD

HERODIAS: RESPONSIBLE FOR MURDER OF JOHN THE BAPTIST

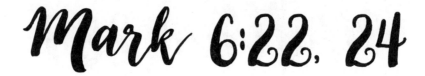

Mark 6:22, 24

```
H N K G P Q V D M G X P
J E N K W H A T E V E R
D I R G L U E V I G X V
K E I O G D E S A E L P
N R C H D B A P T I S T
L H T N K I H E A D L P
D E O S A K A D X N R M
R N A J Z D T S P Q L R
```

For when <u>Herodias's</u> <u>daughter</u> came in and <u>danced</u>, she <u>pleased</u> Herod and his guests. And the <u>king</u> said to the <u>girl</u>, "<u>Ask</u> me for <u>whatever</u> you wish, and I will <u>give</u> it to you." And she went out and said to her mother, "For what should I ask?" And she said, "The <u>head</u> of <u>John</u> the <u>Baptist</u>."

HERODIAS	ASK
DAUGHTER	WHATEVER
DANCED	GIVE
PLEASED	HEAD
KING	JOHN
GIRL	BAPTIST

WIDOW WITH TWO COINS:
GAVE HER ALL

Mark 12:43-44

```
E W T R D T O Z Y D J
V O U V K T R R A J J
E D P M H O U L B M Z
R I B E O S L J K P D
Y W R P A R M L O J M
T S E E K L E V X Z J
H L R V N W E A L T H
I T I B A R M J X D D
N L B V T G R D B L G
G J Q Y E P M M W L N
```

Calling his disciples to him, Jesus said, "Truly I tell you, this <u>poor</u> <u>widow</u> has <u>put</u> <u>more</u> into the <u>treasury</u> than <u>all</u> the <u>others</u>. They all <u>gave</u> out of their <u>wealth</u>; but she, out of her <u>poverty</u>, put in <u>everything</u>—all she had to <u>live</u> on."

POOR	OTHERS
WIDOW	GAVE
PUT	WEALTH
MORE	POVERTY
TREASURY	EVERYTHING
ALL	LIVE

MARY MAGDALENE AND MARY: STAYED AFTER THE CRUCIFIXION

Mark 15:46b-47

```
M B T N R R Z L R M X W
J O S N O N L B O D Y B
E A T L O A T R M M T Y
W R L H I R Y T A E Z J
P E E D E Z F G N K L B
D N X H M R D T Y R A M
J O X V W A R S Q W N G
L T D D L A U M Q W X N
N S Y E N S G J D Y K G
D Q N C E Z L R L B R W
T E E J W D L B K Z G D
```

Then he _rolled_ a _stone_ in _front_ of the _entrance_. _Mary_ _Magdalene_ and Mary the _mother_ of Joseph _saw_ _where_ _Jesus'_ _body_ was _laid_.

ROLLED	MOTHER
STONE	SAW
FRONT	WHERE
ENTRANCE	JESUS
MARY	BODY
MAGDALENE	LAID

SALOME:
DEVOTION AFTER CRUCIFIXION
Mark 16:1

```
M E M O L A S T W X
A P U R C H A S E D
G R P B B D A J J K
D Y E O S B E E G M
A T D H B E S D D Q
L Y N A T U C N N Y
E M T I S O R I N E
N H A Z O L M I P L
E V D R T N B V A S
L T V R Y R A V Z L
```

Saturday evening, when the Sabbath ended, Mary Magdalene, Mary the mother of James, and Salome went out and purchased burial spices so they could anoint Jesus' body.

SABBATH

ENDED

MARY

MAGDALENE

MOTHER

SALOME

PURCHASED

BURIAL

SPICES

ANOINT

JESUS

BODY

ELIZABETH:
RIGHTEOUS IN GOD'S EYES

Luke 1:6

```
S  S  C  A  R  E  F  U  L  D  D  R
R  T  N  N  B  R  O  W  O  R  Z  T
I  N  N  O  V  E  B  G  W  E  T  X
G  Z  Z  E  I  W  E  R  C  L  N  E
H  P  K  Y  M  T  Y  H  M  Y  L  Y
T  R  Q  A  X  D  A  L  Q  I  M  Q
E  K  Q  N  L  R  N  L  Z  T  J  P
O  R  D  S  I  L  L  A  U  L  J  N
U  P  E  A  T  B  B  O  M  G  T  G
S  Y  H  R  D  E  T  N  R  M  E  Z
E  T  L  R  T  Z  R  N  W  D  O  R
J  Y  T  H  Z  M  Z  P  R  M  Y  C
```

Zechariah and Elizabeth were righteous in God's eyes, careful to obey all of the Lord's commandments and regulations.

ZECHARIAH	CAREFUL
ELIZABETH	OBEY
WERE	ALL
RIGHTEOUS	LORD
GOD	COMMANDMENTS
EYES	REGULATIONS

MARY OF NAZARETH:
HIGHLY FAVORED AS MOTHER OF JESUS

Luke 1:30-31

```
L Q D E V I G F
E V I E C N O C
H J A T Y U O F
T E R N N R A S
R S F D G V A L
I U A G O E L M
B S V R O A L N
L X X N C D T W
```

But the <u>angel</u> said to her, "Do not be <u>afraid</u>, <u>Mary</u>; you have <u>found</u> <u>favor</u> with <u>God</u>. You will <u>conceive</u> and <u>give</u> <u>birth</u> to a <u>son</u>, and you are to <u>call</u> him <u>Jesus</u>."

ANGEL	CONCEIVE
AFRAID	GIVE
MARY	BIRTH
FOUND	SON
FAVOR	CALL
GOD	JESUS

MARY OF NAZARETH:
HUMBLE AND OBEDIENT

Luke 1:38

```
E M O C P Y R W D R K N
R V S M J B J T M M Y J
E J E T Y D L D A J M B
S M R R D W I Y K A N J
P B V N Y A B A R A Q Y
O K A E S T B Y N G D D
N T N J U O H G T R M B
D D T T U R E I O F Z M
E M L T D L T L N R E R
D Y X P M D N W M G Y L
```

Mary responded, "I am the Lord's servant. May everything you have said about me come true." And then the angel left her.

MARY	SAID
RESPONDED	ABOUT
LORD	COME
SERVANT	TRUE
MAY	ANGEL
EVERYTHING	LEFT

ELIZABETH:
BLESSED AS MOTHER OF JOHN THE BAPTIST

Luke 1:41-42

```
G M Q Y F B M B L D
N E R X D R L A Q Y
I C L T T E U B R F
T H Z I S I M I I Y
E I W S Z L R L T Y
E L E O E A L I L R
R D T A M E B O P W
G Y P W D B H E W S
B E B B J V P N T Z
D J T L B B Z D T H
```

When Elizabeth heard Mary's greeting, the child leaped in her womb. And Elizabeth was filled with the Holy Spirit and exclaimed with a loud cry, "Blessed are you among women, and blessed is the fruit of your womb."

ELIZABETH	FILLED
MARY	HOLY
GREETING	SPIRIT
CHILD	CRY
LEAPED	BLESSED
WOMB	FRUIT

MARY OF NAZARETH:
THE MAGNIFICAT SONG OF PRAISE

Luke 1:46-48

```
S N O I T A R E N E G X T
M X S D E S S E L B R I M
E A S E C I O J E R R N M
L Q G D R N B N J I P Y D
B Y M N R V M G P L U O S
M X A D I O A S R B G A W
U B R B J F L N W R V Q G
H B Y Y W Q I J T I T G W
M V L N K L T E O G M Z R
T T K B R M D R S Z G R T
```

And Mary said:
"My soul magnifies the Lord,
  and my spirit rejoices in God my
    Savior,
for he has looked on the humble estate
  of his servant.
  For behold, from now on all
    generations will call me blessed."

MARY	GOD
SOUL	SAVIOR
MAGNIFIES	HUMBLE
LORD	SERVANT
SPIRIT	GENERATIONS
REJOICES	BLESSED

ELIZABETH:
LISTENED TO THE LORD

Luke 1:59-60

```
Z E C H A R I A H W R Y Y
R W V B B Y G M D M N N N
E N G W Z M Q Z M J O V W
H T E B A Z I L E I C D N
T Z Q D N O L W S E K H G
A Z N L G L J I R B O B Y
F N A M E D C E A J R T M
R M W Z Z M M B S F L L N
Z G D A U O Y L J Y T N V
G G J C N D M M N L A E D
Q W R Y D T J W T B Z D R
B I M K X M E R L B R Z V
C M G M B T G D P G M Z R
```

When the _baby_ was eight _days_ _old_,
they all came for the _circumcision_
ceremony. They _wanted_ to _name_
him _Zechariah_, _after_ his _father_. But
Elizabeth said, "No! His name is
John!"

BABY	NAME
DAYS	ZECHARIAH
OLD	AFTER
CIRCUMCISION	FATHER
CEREMONY	ELIZABETH
WANTED	JOHN

MARY OF NAZARETH:
GAVE BIRTH TO OUR SAVIOR

```
E L B A L I A V A M
T N X L X C S R G N
R W R D O T L D R J
T E M O R D E O S R
G Y G I B P G N T B
Y A P N P T U I I H
L S V A A G S R N K
N A R E L M T R X G
O W I Y Z H Y Q I N
S D B D M V V J P F
```

She *gave* *birth* to her *firstborn* *son*. She *wrapped* him *snugly* in *strips* of *cloth* and *laid* him in a *manger*, because there was no *lodging* *available* for them.

GAVE	STRIPS
BIRTH	CLOTH
FIRSTBORN	LAID
SON	MANGER
WRAPPED	LODGING
SNUGLY	AVAILABLE

MARY OF NAZARETH:
PONDERED IN HER HEART

Luke 2:18-19

```
D J T H E A R T X S
T E K H D R A E H T
H Z H M G T G E Z K
I Y B S H U P R N T
N Q R E I H O E M Z
G M S O E N T H T L
S E A R T F O P T J
L T D R O S E T G G
L S P T Y K D Y S D
A W Z D D G R B R A
```

All who *heard* the *shepherds' story* were
astonished, but *Mary kept* all *these*
things in her *heart* and *thought* about
them *often*.

ALL	KEPT
HEARD	THESE
SHEPHERDS	THINGS
STORY	HEART
ASTONISHED	THOUGHT
MARY	OFTEN

ANNA:
PRAYERFUL PROPHET

Luke 2:37b-38

```
R M G E L P M E T X Y G
E E N Q D T T C R A N W
D L I N R R H H D D O V
E A T X P I A S G R X E
M S S B L R K W S I K Y
P U A D Q N A H R O N M
T R F T A L I Y P O N B
I E K H M P V S I J F L
O J T R E M B J T N J T
N T Q D N P V D R M G G
```

She never left the <u>temple</u> but <u>worshiped</u> <u>night</u> and <u>day</u>, <u>fasting</u> and <u>praying</u>. Coming up to them at that very moment, she gave <u>thanks</u> to God and <u>spoke</u> about the <u>child</u> to all who were looking <u>forward</u> to the <u>redemption</u> of <u>Jerusalem</u>.

TEMPLE
WORSHIPED
NIGHT
DAY
FASTING
PRAYING

THANKS
SPOKE
CHILD
FORWARD
REDEMPTION
JERUSALEM

WIDOW OF NAIN:
SON BROUGHT BACK TO LIFE BY JESUS

Luke 7:12-13

```
T N W T R A E H
D D O G A T E Y
S E D A E D M K
Y A I G L O V D
Y Y W R T O W W
N B L H R O R Y
P O E N R A R D
T R S C O C C N
```

As he approached the town gate, a dead person was being carried out—the only son of his mother, and she was a widow. And a large crowd from the town was with her. When the Lord saw her, his heart went out to her and he said, "Don't cry."

GATE	WIDOW
DEAD	CROWD
CARRIED	LORD
ONLY	SAW
SON	HEART
MOTHER	CRY

MARY OF BETHANY:
SHOWED GREAT LOVE

Luke 7:44

```
E R D L Y B D P Y D Q T
N E E N N S L E R R E L
W N S T G T I X N A D N
I Z D I A N N M R R T X
P L V W H W A S O E U Y
E E E O A Y M T E N N T
D T U B I R O F M G P W
X S K B R Q W X L D N Q
E M M R T P B M W R T J
```

Then he <u>turned</u> toward the <u>woman</u> and said to <u>Simon</u>, "Do you <u>see</u> this woman? I came into your <u>house</u>. You did not <u>give</u> me any <u>water</u> for my <u>feet</u>, but she <u>wet</u> my feet with her <u>tears</u> and <u>wiped</u> them with her <u>hair</u>."

TURNED	WATER
WOMAN	FEET
SIMON	WET
SEE	TEARS
HOUSE	WIPED
GIVE	HAIR

JOANNA AND SUSANNA:
DELIVERED THE GOOD NEWS
Luke 8:1b-3

```
S E I T I M R I F N I W
M P B D J L D L V R G Q
I S T X X O L E E G N N
N R P B T Q A S R E D J
I C T I Y W O N M U R M
S R H L R U E O N K C T
T L J U R I W L R A N V
E Y L C Z E T M V O W N
R N E I F A T S T E Y V
E S X I V Y N D N B K Q
D Y W P Z E N Q P Z G M
```

The _twelve_ were with him, as well as some _women_ who had been _cured_ of _evil_ _spirits_ and _infirmities_: Mary, called Magdalene, from whom seven demons had gone out, and _Joanna_, the _wife_ of Herod's steward _Chuza_, and Susanna, and many others, who _ministered_ to them out of their _own_ _resources_.

TWELVE
WOMEN
CURED
EVIL
SPIRITS
INFIRMITIES

JOANNA
WIFE
CHUZA
MINISTERED
OWN
RESOURCES

WOMAN WHO TOUCHED JESUS'S CLOAK:
HEALED BY FAITH

Luke 8:47b-48

```
Q V P R E S E N C E
Y L T N A T S N I T
D A U G H T E R N L
E E H E A L E D D J
H L H P E A C E N J
Y T P C T W L D G X
W W I O U A H B W T
M O L A E O K Y R Q
K D H H F P T J T N
```

In the _presence_ of all the _people_, she _told_ _why_ she had _touched_ him and _how_ she had been _instantly_ healed. Then he said to her, "_Daughter_, your _faith_ has _healed_ you. Go in _peace_."

PRESENCE	INSTANTLY
PEOPLE	HEALED
TOLD	DAUGHTER
WHY	FAITH
TOUCHED	HEALED
HOW	PEACE

JAIRUS'S DAUGHTER: ALIVE IN JESUS

Luke 8:53-55a

```
T  I  R  I  P  S  D  R  E
D  K  D  T  D  P  Q  C  K
L  E  N  O  O  I  N  R  Q
D  A  N  O  O  O  A  R  Y
C  H  U  R  W  T  K  S  Z
D  H  A  G  U  I  S  X  M
A  G  I  N  H  T  N  J  T
E  E  Z  L  D  E  E  G  V
D  T  R  B  D  K  D  R  V
```

They laughed at him, knowing that she was dead. But he took her by the hand and said, "My child, get up!" Her spirit returned, and at once she stood up.

LAUGHED	CHILD
KNOWING	GET
DEAD	SPIRIT
TOOK	RETURNED
HAND	ONCE
SAID	STOOD

MARY OF BETHANY:
LISTENED AT THE LORD'S FEET

Luke 10:41-42

```
A H T R A M R X L
R Y D D M A N Y D
E R W T E Q F R Z
T A Y H N D O E C
T M N I T L E H W
E Z O N E A O E Y
B B M G G S K L N
V P Y S E V N E V
D L D N K O M T N
```

"Martha, Martha," the Lord answered, *"you are worried and upset about many things, but few things are needed—or indeed only one. Mary has chosen what is better, and it will not be taken away from her."*

MARTHA	ONLY
LORD	ONE
MANY	MARY
THINGS	CHOSEN
FEW	BETTER
NEEDED	TAKEN

WOMAN IN SYNAGOGUE: FREED FROM DISABILITY

Luke 13:12-13

```
D S T R A I G H T D I
E J G L M Y X Z I M Z
I E T O A Z W S M T R
F S B Z D I A E D B Y
I U M V V B D E M X G
R S P H I I L E Y W N
O G G L A L W B E M J
L M I T A N P J A R T
G T E C R N D D T P F
Y L W A S G E S R G K
Y R J K B D R B N D Z
```

When <u>Jesus</u> <u>saw</u> her, he <u>called</u> her over and said to her, "Woman, you are <u>freed</u> from your <u>disability</u>." And he <u>laid</u> his <u>hands</u> on her, and <u>immediately</u> she was <u>made</u> straight, and she <u>glorified</u> God.

JESUS	HANDS
SAW	IMMEDIATELY
CALLED	MADE
FREED	STRAIGHT
DISABILITY	GLORIFIED
LAID	GOD

LOT'S WIFE:
A LESSON IN WHAT MATTERS
Luke 17:31-33

```
R W I F E P E E K G
H E P R E S E R V E
S O B G L L D S T R
D E U M O L K D V T
O F P S E E Q T J X
O I E I E M U R N B
G L F S R R E T O L
L M K Y N Y D R M V
```

On that day, let the one who is on the housetop, with his _goods_ in the _house_, not come down to take them away, and likewise let the one who is in the _field_ not _turn_ back. _Remember_ Lot's _wife_. Whoever _seeks_ to _preserve_ his _life_ will _lose_ it, but whoever loses his life will _keep_ it.

GOODS	WIFE
HOUSE	SEEKS
FIELD	PRESERVE
TURN	LIFE
REMEMBER	LOSE
LOT	KEEP

PERSISTENT WIDOW:
KEPT AFTER JUSTICE

Luke 18:4-5

```
N D D T F Q E R T J R M
I O J E R L T N A M O W
J G A P P R A E G D U J
U R N O S T S E U Q E R
S E E O S C R A Z Y G T
T P R N R W E A R I N G
I W O A B E V Y Y M L R
C C J X C M D D B T M R
E D P J T B D N Q Z K D
```

"The judge ignored her for a while, but finally he said to himself, 'I don't fear God or care about people, but this woman is driving me crazy. I'm going to see that she gets justice, because she is wearing me out with her constant requests!'"

JUDGE	WOMAN
IGNORED	CRAZY
FEAR	JUSTICE
GOD	WEARING
CARE	CONSTANT
PEOPLE	REQUESTS

DAUGHTERS OF JERUSALEM:
CRIED FOR JESUS

Luke 23:27-28

```
D N T J E S U S R Y K X V
N A Y Z N R V D O J T T Y
I L U Y J E R U S A L E M
H A N G N E R D L I H C P
E R C P H S T R A I L E D
B G E R E T G L N P Z T J
B E G L O R E E L R Y R B
W L V D I W M R M N D G J
X E L E Y O D L S R N X R
S N F N W L V L D R R G M
```

A large crowd trailed behind, including many grief-stricken women. But Jesus turned and said to them, "Daughters of Jerusalem, don't weep for me, but weep for yourselves and for your children."

LARGE
CROWD
TRAILED
BEHIND
GRIEF
WOMEN

JESUS
DAUGHTERS
JERUSALEM
WEEP
YOURSELVES
CHILDREN

MARY OF NAZARETH:
KNEW JESUS WORKED MIRACLES

John 2:3, 5

```
F Y D L Z P X M S R W
E M K T J W D E T R M
S P Y Y D J R W P Q W
T W T R E V E T A H W
I Y B T A P T M N Y G
V Q L N O E S A O M P
I E T P L L R U O R D
T S N L P L D T S D E
I U S I D U H X Q E L
E G O T W E S T J W J
S P D L R P Z T T V N
```

The <u>wine</u> <u>supply</u> <u>ran</u> <u>out</u> during the <u>festivities</u>, so <u>Jesus</u>' <u>mother</u> <u>told</u> him, "They have no <u>more</u> wine." But his mother told the <u>servants</u>, "Do <u>whatever</u> he <u>tells</u> you."

WINE	MOTHER
SUPPLY	TOLD
RAN	MORE
OUT	SERVANTS
FESTIVITIES	WHATEVER
JESUS	TELLS

SAMARITAN WOMAN AT THE WELL:
THIRSTY FOR ETERNAL LIFE

John 4:25-26

```
M S G N I H T Z
E C O M I N G B
S D E L L A C T
S J L N K L S G
I L E A A I E K
A W E S R M N T
H P H H U O O K
S T C O W S M W
```

The <u>woman</u> said to him, "I <u>know</u> that <u>Messiah</u> is <u>coming</u> (he <u>who</u> is <u>called</u> <u>Christ</u>). When he comes, he will <u>tell</u> us <u>all</u> <u>things</u>." <u>Jesus</u> said to her, "I who <u>speak</u> to you am he."

WOMAN	CHRIST
KNOW	TELL
MESSIAH	ALL
COMING	THINGS
WHO	JESUS
CALLED	SPEAK

SAMARITAN WOMAN AT THE WELL:
SHARED THE GOOD NEWS

John 4:28-29

```
P A L L A L R Q
C E Z W E W N D
H T O F A A A R
R O T P M T N Y
I W E O L J E J
S N W M S E A R
T R A E O B M R
Q K E M G C X L
```

So the woman left her water jar and went away into town and said to the people, "Come, see a man who told me all that I ever did. Can this be the Christ?"

WOMAN	PEOPLE
LEFT	COME
WATER	SEE
JAR	MAN
AWAY	ALL
TOWN	CHRIST

WOMAN ACCUSED OF ADULTERY:
SAVED TO SIN NO MORE

```
T A T N E B T V T
S L W W E H R U D
R O L O R N O L N
I N D O M H O J R
F E W N T A E T J
N D A I U T N E S
L T W W O O S I N
B V Z R A U R K N
P L W Z S Y D G Q
```

"Let him who is <u>without</u> <u>sin</u> among you be the <u>first</u> to <u>throw</u> a <u>stone</u> at her." And once more he <u>bent</u> down and <u>wrote</u> on the <u>ground</u>. But when they heard it, they went <u>away</u> one by one, beginning with the older ones, and <u>Jesus</u> was left <u>alone</u> with the <u>woman</u> standing before him.

WITHOUT	WROTE
SIN	GROUND
FIRST	AWAY
THROW	JESUS
STONE	ALONE
BENT	WOMAN

MARTHA:
BOLD IN BELIEF

John 11:21-22

```
B  S  D  G  B  G  M  R
R  X  U  E  I  A  E  L
O  B  E  S  R  V  O  Y
T  N  T  E  R  E  H
H  P  H  T  D  J  E  W
E  A  A  I  K  R  O  G
R  H  E  S  E  N  O  G
W  D  A  K  K  D  D  G
```

Martha said to _Jesus_, "_Lord_, if you had _been_ _here_, my _brother_ would not have _died_. But even now I _know_ that _whatever_ you _ask_ from _God_, God will _give_ you."

MARTHA	DIED
JESUS	KNOW
LORD	WHATEVER
BEEN	ASK
HERE	GOD
BROTHER	GIVE

MARTHA:
PROCLAIMED JESUS AS MESSIAH

John 11:27

```
D P T V K Z Z Y S D
R E P L I E D O D B
H Q G T N L N L W G
A Y Y E O E R Y B W
I O M R V O M J E V
S U D P W E T O M S
S D O H W L I N C D
E L O W P J B L I L
M J X G P N Y P E Q
T M N G J L N Q G B
```

"Yes, Lord," she *replied*, *"I believe* that *you* are the *Messiah*, the *Son* of *God*, *who* is to *come* *into* the *world.*"

YES	SON
LORD	GOD
REPLIED	WHO
BELIEVE	COME
YOU	INTO
MESSIAH	WORLD

MARY MAGDALENE:
FAITHFUL FOLLOWER OF JESUS

John 20:15b-16

```
R D T U R N E D A Y L
E E R T C Y E R E H W
N I T A A R A Y R A M
E R D W B M I E Q Z R
D R A R A B H E J K V
R A N I A C O E D D Q
A C C K A W S N L W M
G B V E N U O Q I G N
D R T W S W D T L T Y
```

Thinking he was the gardener, she said, "Sir, if you have carried him away, tell me where you have put him, and I will get him." Jesus said to her, "Mary." She turned toward him and cried out in Aramaic, "Rabboni!" (which means "Teacher").

GARDENER	TURNED
CARRIED	TOWARD
AWAY	CRIED
WHERE	ARAMAIC
JESUS	RABBONI
MARY	TEACHER

MARY MAGDALENE:
TESTIFIED TO THE RESURRECTION
John 20:18

```
T S E L P I C S I D W L
Q H M N H A V E S E O M
J L I N E E S W N R A D
W B E N X L E T D R I T
D N K S G N A D Y A L B
L P Q B E S X D S Y M R
O R X N W H R L G D P L
T K M Z R Q T M P A T J
K G V R M X D K Y D M Q
```

Mary Magdalene went to the disciples with the news: "I have seen the Lord!" And she told them that he had said these things to her.

MARY	SEEN
MAGDALENE	LORD
WENT	TOLD
DISCIPLES	SAID
NEWS	THESE
HAVE	THINGS

SAPPHIRA:
HELD BACK FROM THE LORD

Acts 5:1-2

```
P S E L T S O P A G T
R A D A T G D A P G Y
O I L I N Y R R H B D
P N O D K I O I T Z Q
E A S K H C M N T V R
R N B P E S A R B Q N
T A P E E P A B D P M
Y A D L R P T F E E T
S S F L K J Z J M J Y
```

But a man named <u>Ananias</u>, with his wife <u>Sapphira</u>, <u>sold</u> a piece of <u>property</u>, and with his wife's knowledge he <u>kept</u> <u>back</u> for <u>himself</u> some of the <u>proceeds</u> and brought only a <u>part</u> of it and <u>laid</u> it at the <u>apostles'</u> <u>feet</u>.

ANANIAS	HIMSELF
SAPPHIRA	PROCEEDS
SOLD	PART
PROPERTY	LAID
KEPT	APOSTLES
BACK	FEET

DORCAS:
BROUGHT BACK TO LIFE
Acts 9:36

```
E Z N S G R E E K Z
L S T C A D N T T C
P D Z W Y C A A H J
I G E W H B R A M T
C O Q V I O R O D E
S O Y T O I S J D S
I D H B T T O E K V
D A M Y R P E R T N
G K B T P M O D N D
L M L A X W T T W Y
```

Now in <u>Joppa</u> there was a <u>disciple</u> <u>whose</u> <u>name</u> was <u>Tabitha</u>, which in <u>Greek</u> is <u>Dorcas</u>. She was <u>devoted</u> to <u>good</u> <u>works</u> and <u>acts</u> of <u>charity</u>.

JOPPA	DORCAS
DISCIPLE	DEVOTED
WHOSE	GOOD
NAME	WORKS
TABITHA	ACTS
GREEK	CHARITY

RHODA:
A SERVANT WITH A MESSAGE
Acts 12:14-15

```
R E P O R T E D I
S L E G N A M N R
Z T N Y T Y S Q V
W A A M R I O O B
R G I N S E I J O
G N D T D C T P M
D A I T E I E E O
Q N T M K N N U P
G M Y E N M T G Y
```

Recognizing <u>Peter</u>'s <u>voice</u>, in her <u>joy</u> she did not <u>open</u> the <u>gate</u> but <u>ran</u> in and <u>reported</u> that Peter was <u>standing</u> at the gate. They said to her, "You are <u>out</u> of your <u>mind</u>." But she kept <u>insisting</u> that it was so, and they kept saying, "It is his <u>angel</u>!"

PETER
VOICE
JOY
OPEN
GATE
RAN

REPORTED
STANDING
OUT
MIND
INSISTING
ANGEL

LYDIA:
DEVOUT DEALER IN CLOTH

Acts 16:14

```
T D E N E P O N W
H P U R P L E O N
Y D R H E A R T Y
A Y E L I S T E N
T L D A H P N T H
I T Y I L A A T D
R D P D M E O U M
A E O O I L R R L
R W W G C A B N Q
```

A certain <u>woman</u> named <u>Lydia</u>, a <u>worshiper</u> of <u>God</u>, was listening to us; she was from the city of <u>Thyatira</u> and a <u>dealer</u> in <u>purple</u> <u>cloth</u>. The Lord <u>opened</u> her <u>heart</u> to <u>listen</u> eagerly to what was said by <u>Paul</u>.

WOMAN	PURPLE
LYDIA	CLOTH
WORSHIPER	OPENED
GOD	HEART
THYATIRA	LISTEN
DEALER	PAUL

FORTUNE-TELLING GIRL:
FREED FROM SPIRIT OF DIVINATION

Acts 16:17

```
M Y Q N F O L L O W E D
S L M M O W V N D J B M
P E Y M J I M D R P O Y
R L R Y L T K O U Y J
O G A V R D S A T G Z V
C W N L A N O G V N M B
L J J I R N M K T L M W
A M G L Y H T B T Y A L
I P Y N I R N S K M U S
M B Q G R N C L L A E X
T M H M X R D Z P X R N
```

She <u>followed</u> <u>Paul</u> and us, <u>crying out</u>, "These <u>men</u> are <u>servants</u> of the <u>Most High God</u>, who <u>proclaim</u> to you the <u>way</u> of <u>salvation</u>."

FOLLOWED	MOST
PAUL	HIGH
CRYING	GOD
OUT	PROCLAIM
MEN	WAY
SERVANTS	SALVATION

DAMARIS:
FROM IDOL WORSHIP TO BELIEVER

Acts 17:32, 34

```
R E S U R R E C T I O N
S R E H T O G X T D D B
M J F O L L O W E R S Y
D B Z D U M D V W U Y L
D A A N A L E E I L B D
L E M M P I K S M E T D
D N T A L X Y P C A N Y
D V L E R N B A J A N D
J Y B A O I M D M M M X
L M E I J E S O R W W Z
T H D J M J W T B L Q Y
```

When they heard about the *resurrection* of the *dead*, some of them sneered, but others said, "We want to *hear* you again on this subject." Some of the people *became* *followers* of *Paul* and *believed*. Among them was *Dionysius*, a member of the Areopagus, also a *woman* *named* *Damaris*, and a number of *others*.

RESURRECTION	BELIEVED
DEAD	DIONYSIUS
HEAR	WOMAN
BECAME	NAMED
FOLLOWERS	DAMARIS
PAUL	OTHERS

PRISCILLA:
GIFTED IN HOSPITALITY AND TEACHING

Acts 18:26b

```
Y D H B V Q J Y A W A
L N E N D J R L J L J
E M A N J E I I L J M
T T R R I U T I E B P
A T D M Q A C I W H N
U Y W A O S L G V A T
Q L L H I R Z P O N Y
E N J R E N E K X D I
D R P X M N H O M E M
A W B J J T V Y L P T
```

When Priscilla and Aquila heard him, they invited him to their home and explained to him the way of God more adequately.

WHEN	HOME
PRISCILLA	EXPLAINED
AQUILA	WAY
HEARD	GOD
INVITED	MORE
THEIR	ADEQUATELY

PHOEBE:
DEACON IN THE EARLY CHURCH
Romans 16:1-2

```
B C E N C H R E A E
X E O H C R U H C V
D J N M R E T S I S
T E J E M H W R S P
E J A D F E E T K W
R B R C L A N L T Y
Q O E C O I C D P M
L R O O A N P T A T
Y M N S H K Y N O J
E Y T T L P Y T T R
```

I commend to you our sister Phoebe, a deacon of the church at Cenchreae, so that you may welcome her in the Lord, as is fitting for the saints, and help her in whatever she may require from you, for she has been a benefactor of many and of myself as well.

COMMEND	WELCOME
SISTER	LORD
PHOEBE	SAINTS
DEACON	HELP
CHURCH	BENEFACTOR
CENCHREAE	MANY

PRISCILLA:
BOLD IN MINISTRY

Romans 16:3-4

```
B J Y D E K S I R S
C H U R C H E S G A
L E J T T R L N L R
U L E Y B S I L A Q
F I S K B T I Q A T
K T U G E C U N S L
N N S E S I J I I Z
A E R I L R R V P M
H G R A M H E W W Y
T P T T C S J Y L V
```

Give my <u>greetings</u> to <u>Priscilla</u> and <u>Aquila</u>, my co-workers in the <u>ministry</u> of <u>Christ Jesus</u>. In fact, they once <u>risked</u> their <u>lives</u> for me. I am <u>thankful</u> to them, and so are <u>all</u> the <u>Gentile</u> <u>churches</u>.

GREETINGS	RISKED
PRISCILLA	LIVES
AQUILA	THANKFUL
MINISTRY	ALL
CHRIST	GENTILE
JESUS	CHURCHES

PRISCILLA:
DEDICATED TO CHURCH

1 Corinthians 16:19

```
C T E E R G M T Z P
H P A Q U I L A R D
U N R P T H E I R Y
R T J O D H S N W Y
C V S N V C O A N D
H A E T I I R U R T
E S I L E M N O S Z
S P L S L E L C L E
Q A Q Y A Y M T E R
```

The <u>churches</u> in the <u>province</u> of <u>Asia</u> <u>send</u> you greetings. <u>Aquila</u> and <u>Priscilla</u> <u>greet</u> you <u>warmly</u> in the <u>Lord</u>, and so does the church that <u>meets</u> at <u>their</u> <u>house</u>.

CHURCHES	GREET
PROVINCE	WARMLY
ASIA	LORD
SEND	MEETS
AQUILA	THEIR
PRISCILLA	HOUSE

LOIS:
GRANDMOTHER AND TEACHER OF TIMOTHY

2 Timothy 1:5

```
M G D E D N I M E R N Y W
V T R D V D B F M E M W K
L T L A F B I Y R B R D Y
T T Q A N R M E U N I C E
T W I R S D C P S D R L Y
R T S T E N M U R Y W Y R
H Q I D I H R O O K R B R
J J O S E E T U L L B L
D R L J T V L O Q H Q R N
G J B X M Y I N M W E X L
B D N T M R K L Q W O R D
B X R L M R R K G W R N M
```

I am *reminded* of your *sincere* *faith*, a faith that *lived* *first* in your *grandmother* *Lois* and your *mother* *Eunice* and *now*, I am *sure*, lives in *you*.

REMINDED	LOIS
SINCERE	MOTHER
FAITH	EUNICE
LIVED	NOW
FIRST	SURE
GRANDMOTHER	YOU

EUNICE:
MOTHER AND TEACHER OF TIMOTHY

2 Timothy 3:14-15

```
N I D D Q J D W H O M
O J N D E E E W X D M
I D R S N R R S O J D
T G E R T I C O U H M
A T A V T R H A G S R
V E S I E D U U S F B
L M N I L I O C A W B
A G T I R R L I T V J
S G H T H H T E T V Y
M C M T G H C D B R J
```

But as for you, continue in what you have *learned* *and firmly* *believed, knowing* *from* *whom* *you learned it and how* *from* *childhood* *you have known* *sacred* *writings* *that are able to* *instruct* *you for* *salvation* *through* *faith* *in* *Christ* *Jesus.*

LEARNED	INSTRUCT
BELIEVED	SALVATION
WHOM	THROUGH
CHILDHOOD	FAITH
SACRED	CHRIST
WRITINGS	JESUS

ANSWER KEY

Genesis 2:18

```
G O O D F M W E
E N O L A O L W
E B R N Y B R X
D K D E A T S B
R M A T P A O D
O M I M I L O N
L U I D R G E D
S Z Y H G K M H
```

Genesis 2:22

```
T A K E N Q R B
T W D R O L R Z
F U O L I O V T
P R O M U B H V
M J O G A E W D
H A H M N N O N
E T D A V G J G
R Z M E T G L M
```

Genesis 3:6

```
G W F T J X T P E Q L P
A O R R M B L L H T X D
I M U E W E B U D O O F
N A I E A A S Y Q K T B
I N T S R B D R V T N D
N W I I A W I S D O M J
G N S N E D M O Z M X Y
G E D D Y T O Z M Y Q J
D T Q G E G A T P L Y Z
```

Genesis 3:20

```
V M L I V I N G Y L
E L O E Z D E M A N
A F V T E D R O L B
M E I L H M A D E T
L A L W N E Z L J Y
Q A D Y A X R K R M
C V N A M G O D L M
```

Genesis 7:1

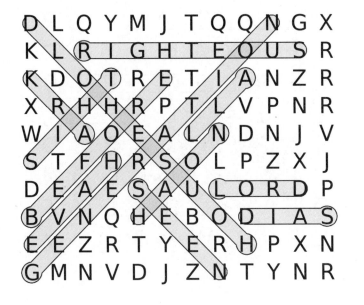

Genesis 16:9-10

Genesis 17:15

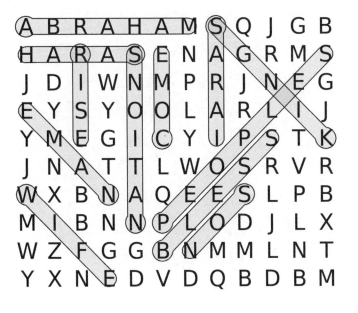

Genesis 17:19

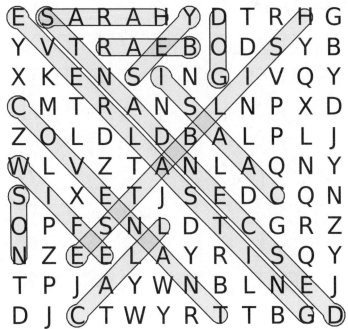

Genesis 18:13-14a

Genesis 19:17, 26

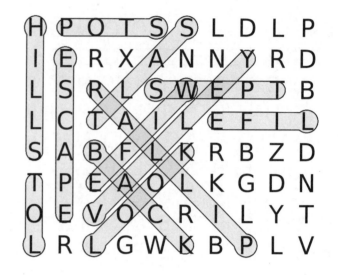

Genesis 21:1

Genesis 21:6-7

Genesis 21:17-18

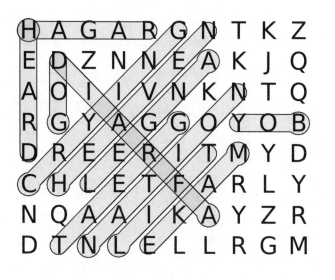

Genesis 24:18-19

Genesis 24:57-59

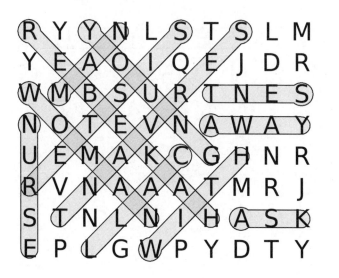

Genesis 27:15-16

Genesis 29:20

Genesis 29:31

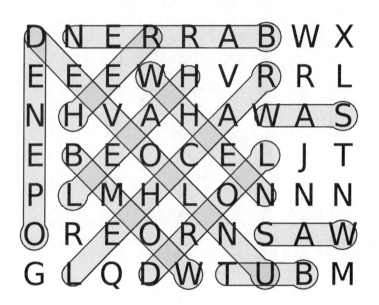

Genesis 30:9-10

Genesis 30:20

Genesis 30:22-23

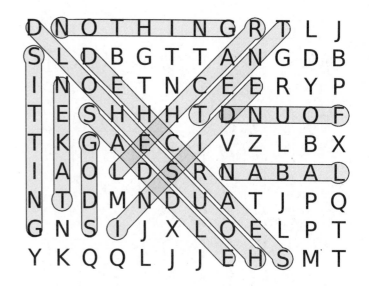

Genesis 31:34

Genesis 38:25b-26a

Genesis 39:19-20

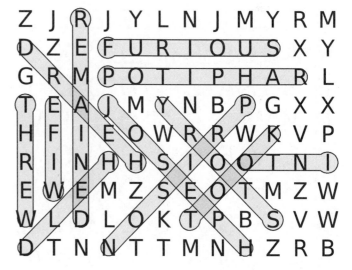

Exodus 1:17, 20

Exodus 2:3

Exodus 2:4, 7

Exodus 2:5

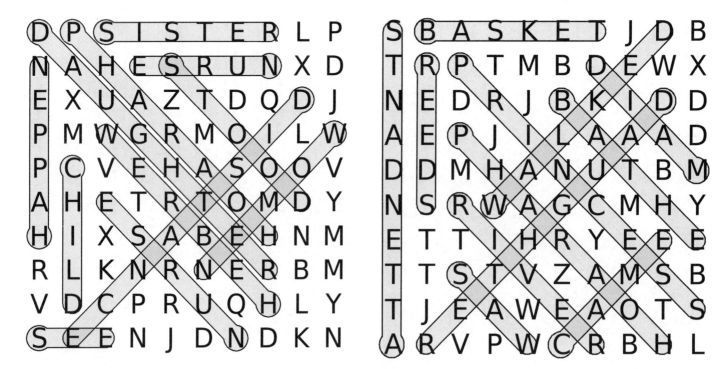

Exodus 2:10

Exodus 2:16-17

Exodus 4:24-25

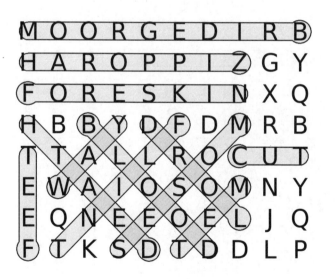

Exodus 15:21

Exodus 35:25-26

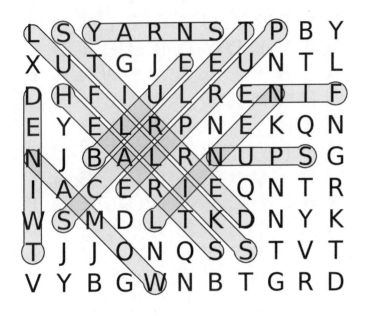

Exodus 38:8

Numbers 12:10

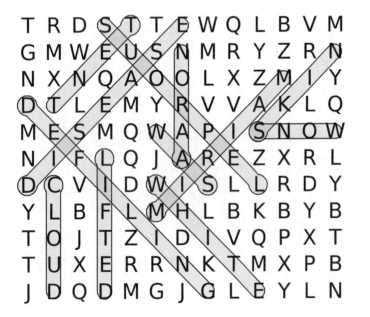

Numbers 26:59

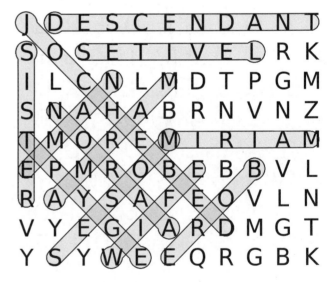

Joshua 2:4, 11b, 15

Joshua 6:25

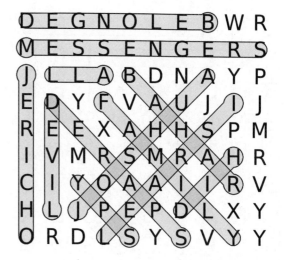

Judges 4:9

Judges 4:21

Judges 5:7

Judges 5:12

T M P W Z Y B K J B B D
W N G G B Y L Z A D E U
S O N M Y Z Q W Q B T N
S E V I T P A C O T E D
A G N X M K J R E S Y Y
W B N N E N A R I D Y N
A Y I O R H Z R J B Y N
Y Y O N S B A D A E L X
K D W U O N T R Q M L M
G M Y W B A A R Y Z N X
Z Y V R N K M X T J Y K

Judges 5:24, 27a

Judges 9:52–53

Judges 11:30-31

```
P J P E A C E M B Q V O J
T L L J T M E M T Y F D Y
J J T N E S M E E F W O V
Y Y R J U P E O E V N V L
R U G O Y M H R N R I N N
B T H Y B M I T U I Q G D
L L P Z Y N T T H S T M X
Y L L N G P E X R A D E N
Z R X N G R J O D B H D S
T L T Q J Y O L Y R Z B L
B Y R G N D J D N T O R Y
Z T P V Y R Q X W Q G L W
```

Judges 13:5

```
S B I R T H S H E N P
E Z Q A G O E V A W G
N B L Z N A I Z G T K
I R R T O D E I Q D I L
T B M R C R K G S O B
S Y T N I N J R I L G
I G O T Y G A W M V Y
L C E V M E K O L N E
I Q J V L Y T M G R B
H T J Z A Z Q B N D B
P V L V B S Y R Z K Y
```

Judges 16:18

Judges 17:4

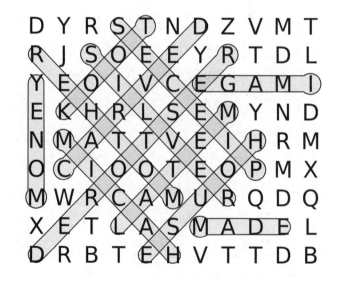

Ruth 1:14a-15

Ruth 1:16

Ruth 1:22

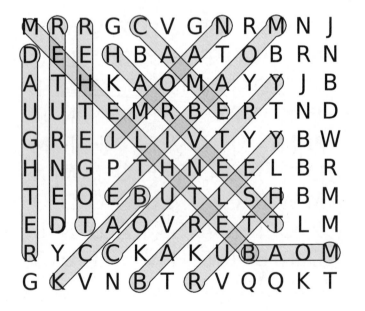

Ruth 4:11a

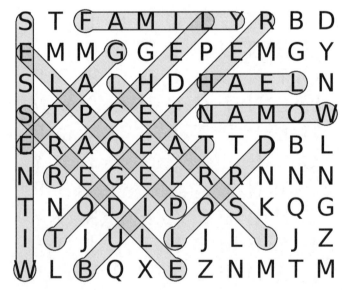

Ruth 4:14

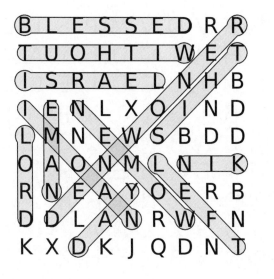

```
B L E S S E D R R
T U O H T I W E T
I S R A E L N H B
I E N L X O I N D
L M N E W S B D D
O A O N M L N I K
R N E A Y O E R B
D D L A N R W F N
K X D K J Q D N T
```

1 Samuel 1:4-6a

```
H P M H D W O M B J V R M R
A R E A P E G M D R M T I Q
N O P N K O C R T L M V R Z
A B N I N R I Q P A Y T W
K O B A D N D T F L Z L Z J
L K T H D O N C I I P D N J
E E M E U D L A W O R X G R
M Y V B B O R W H R N C L Y
Y O L Y S Q J O M L D S A R
L E R E Z Q Y M L G Z B M S
B P D Y P D K Y M J J Y J D
```

1 Samuel 1:8

```
O B N M H E S E P B
W N O E A A L X Z T
D R A T D K T H M L
E R T B A N A H T M
T X T N S N N P Y R
W L A O N U E T E N
H H N A M E H J L D
Y S H R W B W Z Y Y
```

1 Samuel 1:15

```
L T R Q R J M Y T P T Y W
P D Q D B N L L R Y Y L Q K
O J R J D V O B V G Z M Y
U R W Y R U N D N G J R X
R K Z B B Q H T E B L L M
I N B L Y A X T Y E T N B
N E E R N S O U J P E Z
G D N N G N O R T S F L D
K W A I V Y D R B O K B Y
N H O Q W R J T R Q L L M
U Y Y M O B M E U P M M P
R M P L A Y D W J O N Q N
D M D M Y N N N R Y Q W D
```

1 Samuel 1:20

```
C O N C E I V E D R B W
T G J P W N P V L T Q J
I G N Y L Q G X Y W W D
M S Q Y Y V G Q D P G Z
E B A M G Z N N Q R V T
M N L I M R H S O B B L
D Z Z M D A A N O S O Q
E Y G L N M N R A R M B
K Q B N U J E M D M R D
S N A E U D I M M N E B
A H L L W H W G K L K D
```

1 Samuel 2:1

```
M E R V Q V M P S L B R
S C H P I O D E Y A R P
E I M T U C D L E B L L
I O H T G I T X P M J K
M J H A R N U O G O D P
E E N E N L E R R T M J
N R D L T N N R R Y W Z
E B O S Z L A A T L R M
Z R N N B X E H Z S G Z
D R T M J H N Y T L L Z
```

1 Samuel 4:21

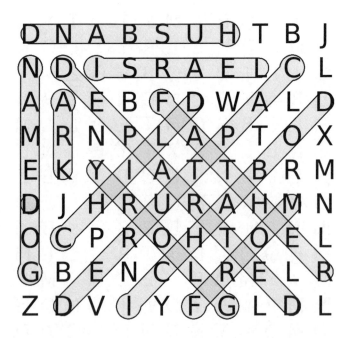

```
O N A B S U H T B J
N D I S R A E L C L
A A E B F D W A L D
M R N P L A P T O X
E K Y I A T T B R M
D J H R U R A H M N
O C P R O H T O E L
G B E N C L R E L B
Z D V I Y F G L D L
```

1 Samuel 9:11-12

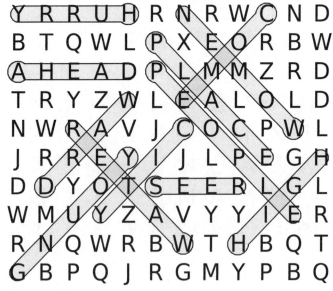

```
Y R R U H R N R W C N D
B T Q W L P X E O R B W
A H E A D P L M M Z R D
T R Y Z W L E A L O L D
N W R A V J C O C P W L
J R R E Y I J L P E G H
D D Y O T S E E R L G L
W M U Y Z A V Y Y I E R
R N Q W R B W T H B Q T
G B P Q J R G M Y P B Q
```

1 Samuel 18:6

1 Samuel 25:29a

1 Samuel 25:42

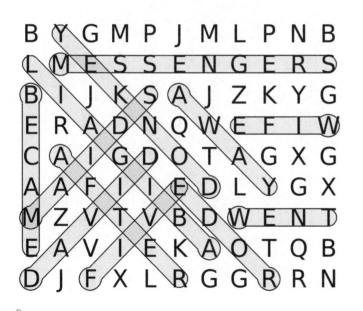

2 Samuel 6:16

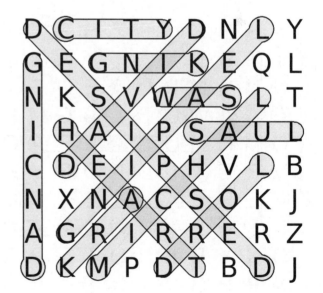

2 Samuel 12:13a-14

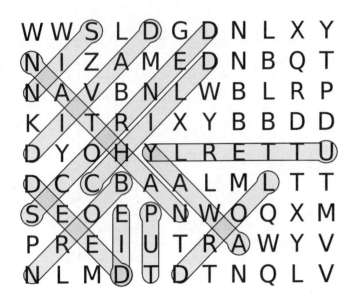

```
W W S L D G D N L X Y
N I Z A M E D N B Q T
N A V B N L W B L R P
K I T R I X Y B B D D
D Y O H Y L R E T T U
D C C B A A L M L T T
S E O E P N W O Q X M
P R E I U T R A W Y V
N L M D T D T N Q L V
```

2 Samuel 14:14

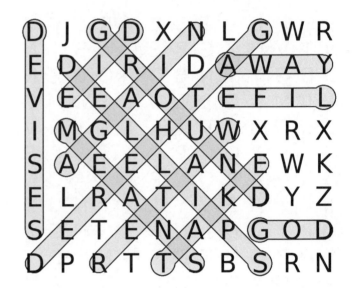

```
D J G D X N L G W R
E D I R I D A W A Y
V E E A O T E F I L
I M G L H U W X R X
S A E E L A N E W K
E L R A T I K D Y Z
S E T E N A P G O D
D P R T T S B S R N
```

2 Samuel 17:19-20a

```
A X S S Z M P Z H P T T
H T T B P X E T Y W Z J
I N N J M R U A E Q G T
M C A W W O E L L G M R
A O V H M O L A S B A Q
A V R E T L D P D R Y M
Z E E R B A R L E Y P J
B R S E P X N W O M A N
Y Q X Y R L N O T T P R
N K P P G N J R I X B G
```

2 Samuel 21:10

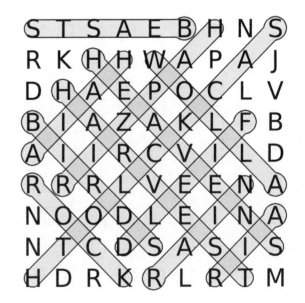

```
S T S A E B H N S
R K H H W A P A J
D H A E P O C L V
B I A Z A K L F B
A I I R C V I L D
R R R L V E E N A
N O O D L E I N A
N T C D S A S I S
H D R K R L R T M
```

1 Kings 1:17

```
M S G K Y L T X T Y
T O O O I N L O R D
D H U L A N S Z Q P
L R R V O W G A J D
X L R O O M F S O N
S E A R N T O W L Y
S I E H E E M N N T
Y W T R S R N X B B
```

1 Kings 3:26a

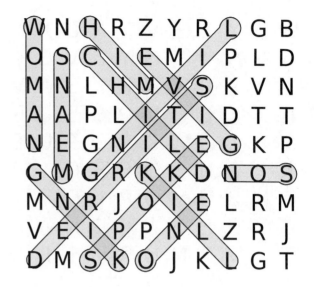

```
W N H R Z Y R L G B
O S C I E M I P L D
M N L H M V S K V N
A A P L I T I D T T
N E G N I L E G K P
G M G R K K D N O S
M N R J O I E L R M
V E I P P N L Z R J
D M S K O J K L G T
```

2 Kings 9:7

```
E J M M R M A S T E R
K P R O P H E T S Y T
I Y M A E R J N D Z B
R N L S V E R O B B Y
T L U A Z B W A M M R
S O N E L N H R X K Z
H T B O O A V E N G E
S E O P R R G G W P Q
L D R M D Q K D B P B
```

1 Kings 10:2b-3

```
G Y Q U E S T I O N S
Y N G E R S N Z C Q V
D W I T X O P O K N Y
W E R H M P N O O L K
T Q R O T C L T K D T
K R L E E Y H A T E J
G O A A W I R M I A Y
S N L E N S O E L N D
T E I G H R N L V P M
D Q T K F J B A Y E Q
```

1 Kings 17:16

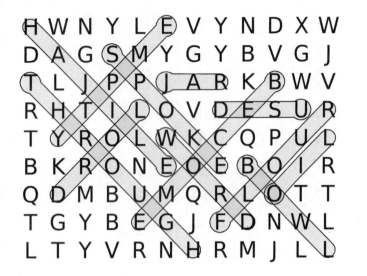

2 Kings 4:2

2 Kings 4:9-10a

2 Kings 5:3

Y T N P N Z Q P L T M T
V L D X Z K R L Y Q M J
S L L T B O Z S D D B N
A S M J P P O D I A S Y
M T E H T R M A S T E R
A R E R P M W T M T Y M
R T W E T O C T M O Q W
I R L H U S N U N I Y B
A E T L O D I L R R H L
W H D R Q X Y M W E V Y

2 Kings 11:2

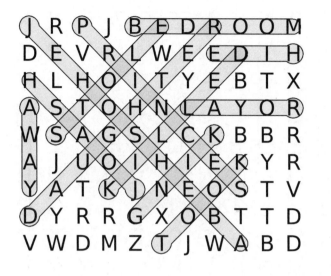

2 Kings 22:19

E D Y B C R M L X T P P P
T H U M B L E D M N X Y T
A W N T N R O D R N G V Q
L J W R O D L T E A L N Y
O N R T E Q W M H S E Y Q
S P R I A P S E D I R H R
E L D L N R E Q P R N U N
D T O M N J B N O T L G C
M R Z D L R B S T X L N D
O B T B D A Y R M A Y W K
N T V V T P N D J M N V P
R M T Z D G J D N L L C Q
N R N G L G B T L Y Q L E

2 Chronicles 34:27

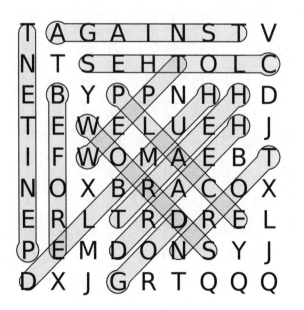

Nehemiah 3:12

X L N B G B G M L M K H N
O F F I C I A L D A K Z
M T N B N T Z E S L S T Z
U S R E J V R R L R W K Z
L B I R X U E O I D K G M
L M M H S T H A I F L A H
A J B A H E P S M R D L L
H R L G S E T V D E M Y M
S E U H R R S Z J X B J
M A J Y I L Q O G V Y T J
O D J J C D T M J N P L Z Q
Z Z T P Q J R Y Y X L R K

Esther 1:12

```
E N R A G E D B L Z
M R E N J N U W D I
A L I U A R I E T B
C K T M N T S H K Q
E Y M E H U S Q U L
B O D I F A C E Y A
C Q N E V O E H N Q
L X R L M N M G S N
N M M E Y B E R V R
T T V V R R J Q Z K
```

Esther 2:10-11

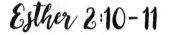

```
T B N T M E R A H X X
T I T P N R M M D P K
W A R K E O T E D L Y
R C U E G O R N J W M
E E O B H D P F J Z D
V D C L N T A L W N B
E R L I L R S A E G D
A O K V E E L E D A Y
L M D D B K T M X Y L
```

Esther 2:17

```
T J M L G X D M V Y D R
D J N O I T O V E D O K
L J E R J B N G W V W B
X A V S L T O L A Q T B
N V Y I T X W F U B G T
Q T V O R H R E L B Y I
N Q K R R G E B M M T J
K W Q L N I B J H L K
T D O O G M J N S L I D
G Q V R M O M A S N Y B
N E Y V O R V R G Q L T
D G R N T E X X Q N Z P
```

Esther 4:14

```
D E L I V E R A N C E
A M N L K H J P W D B
R I M I S N O B R N R
I T T I A S O K T L D
S M R S I M S W A Q T
E E U T S I E Y S W Y
P C I D L I O R P J T
H O D E R R H E M O C
N Y N L T D Y T L D D
D T Z G V J L J M M N
```

Esther 4:16

Esther 7:3

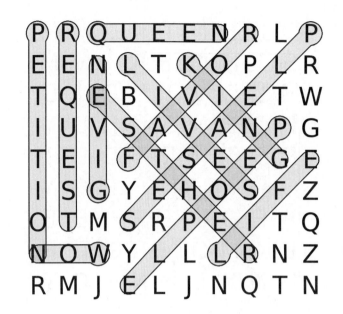

Esther 9:29, 32

Job 2:9-10a

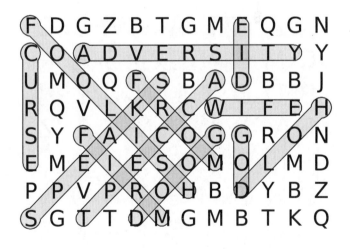

Proverbs 31:1, 8-9

Isaiah 3:18-20

Isaiah 7:14

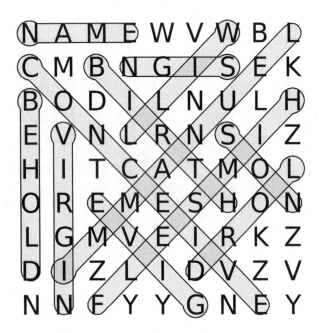

Jeremiah 1:5

Ezekiel 24:15-16

```
L Z X D X M L D K D
S U O I C E R P M E
L P E L R O P M K R
N A Q M W Z D A G M
E L T D A R T Y O V
M Y X A O C N U T P
W C E L F S R A E T
O O D S D N Q E Q D
L M N V L J W Z R Q
B E V G V K V J T K
```

Daniel 5:11a

```
N O I T A N I M U L L I T
N D Y M G L K T B D F H T
G A D W Y I L V N A G K Y
Y O M Y N W V U T I M H
L Z D G I V O H S D D B Y
O N D S L F E N P A N Y N
H O D T I R I P S Y V N N
M O T L W T Y T L S T J B
M N Z N M X N N V N R P W
```

Matthew 1:18

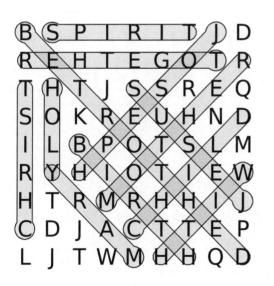

```
B S P I R I T J D
R E H T E G O T R
T H T J S S R E Q
S O K R E U H N D
I L B P O T S L M
R Y H I O T I E W
H T R M R H H I J
C D J A C T T E P
L J T W M H H Q D
```

Matthew 8:14-15

```
R J L K E W B S D X M R
G Q J Y W M T D U Y N G
B P V V I I A E R S Q G
L E F T A N S C M W E Q
Y G R W M U G Q T T M J
M T R R O J P P L P L T
T T M H W R K E Q T O T
M W O J Y Z E T T U T N
M Q T N Q D M V C E D Q
T L H D E B Z H E N R M
D M E D J W E D A F Y M
Z Y R G X D B H R R B R
```

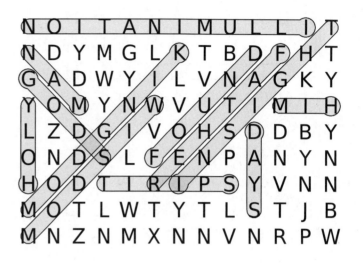
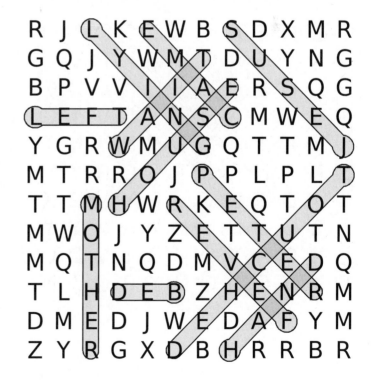

Matthew 12:42

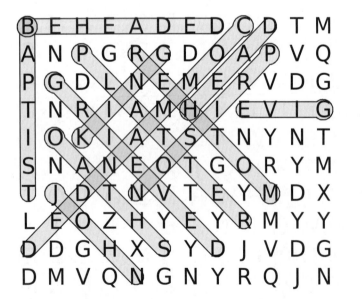

```
T L Z G L T Y D B S
N V P D Z H B W D S
E C O N D E M N O H
M R S M Y A E U E H
G O E O X R T R T M
D Q D T L H E R K Y
U E U S A O A W Z D
J S L E I E M V G D
Z I N L E W R O G T
Y R L T K N R G N L
```

Matthew 13:33

```
M O D G N I K X L L T B L
L W R X L E L F R X Y Y M
P L G X Y G V L L M Y K D
A T T R Z Y L A Z O B G P
R Y M P K R B G E J U T V
A M Z M P S E X N L G R J
B J K J A Q E H L A B K L
L N E L K D Q R T M M N L
E E L E L J Y M U O R O B
R V X O R B T Y N S N R W
P A T M H H T T G M A A B
X E D I Y J T B D N L E R
D H O Z J R Z J R B B L M
```

Matthew 14:8-10

```
B E H E A D E D O D T M
A N P G R G D O A P V Q
P G D L N E M E R V D G
T N R I A M H I E V I G
I O K I A T S T N Y N T
S N A N E O T G O R Y M
T J D T N V T E Y M D X
L E O Z H Y E Y R M Y Y
D D G H X S Y D J V D G
D M V Q N G N Y R Q J N
```

Matthew 15:22

```
E W Q N M Q P L M G T B
R T D Y O N Q J L V K N
E D I D E S S E S S O P
T A R N W N C R Y I N G
H V R Z A D W C H A V E
G I R M E A R B E G N D
U D O M Z E N Z M Z N V R
A W O T M P A A L O R D
D N Z M Y C L R C D G Q
```

Matthew 20:21b-22a

```
T G Y R K T K R
F L N N I I L Y
E E O I N G S V
L W N G K U H K
L S D I S S H T
E O O E M A A D
M N J W N T I S
N S O D T R W B
```

Matthew 25:1, 3-4

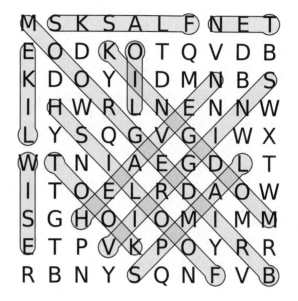

```
M S K S A L F N E T
E O D K O T Q V D B
K D O Y I D M N B S
I H W R L N E N N W
L Y S Q G V G I W X
W T N I A E G D L T
I T O E L R D A O W
S G H O I O M I M M
E T P V K P O Y R R
R B N Y S Q N F V B
```

Matthew 26:6-7

```
E P O U R E D J E S U S Z
L B M L Z J G D G R D G
D K M V R T T N E N D Z
E D A E H O Y V T W K R Q
Z S W R R I S W G T T D
K B I P E A N B O A Y Z
I X K P M B P E T B M T J
V V X S A O T E L M M A X
E D B L A H N E L G E Q N
Q K A M A L R N M M K N R
G M G N Z T F D Y N D N T
L B Y J Y N J Z V M W Y T
```

Matthew 26:71-72

```
S D E M D A N O T H E R
U Y Q C Y J P R W B L D
S N Q K N L D H S X L L
E T T T P A T E N R L L
J O R G M E R W N G T W
S A W A R V M T I I T R
M T N A A T X R N T E B
W H Z N D M L B N E H D
M A T W O N K N B K R D
N M M J Q P G R X B N Y
```

Matthew 27:19

```
B Q D G I T D X X Q Z T
L E B D A N N K T Y T X
N G T E R J N T V P V Z
T R R A W Q N O S X N Q
M G E I L E J U C M A N
V D F G S I F Y X E M X
K E W X A F P D Y M N M
S Y D N E S E G D U J T
E B J R D Q S L J L Y L
A Y E E E V W E R R D X
T D A N N A R K M V R X
T L N B K W M M X T T G
```

Matthew 27:55

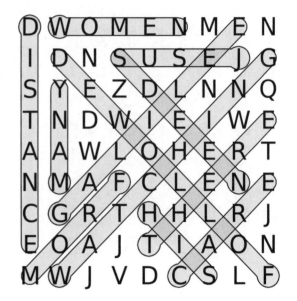

```
D W O M E N M E N
I D N S U S E J G
S Y E Z D L N N Q
T N D W I E I W E
A A W L O H E R T
N M A F C L E N E
C G R T H H L R J
E O A J T I A O N
M W J V D C S L F
```

Matthew 28:7

```
Q P W T N Q X R L Y B T M
L U T Y L Y E B V G R G M
M D I S T M R W B X O M Q
V S M C E Z M T M I M V X
N R E M K L D L N D E A D
N L B E W L P G J E K L W
Y E Q N O D Y I L L S Y Z
R M A T X N L I C M D I T
Q G D H O L L K Y S R J R
L B Q W E A M B Q L I Z L
Z G R T G A N G N Z D D J
G W B D R L D V V W B W T
```

Mark 6:22, 24

```
H N K G P Q V D M G X P
J E N K W H A T E V E R
D I R G L U E V I G X V
K E I O G D E S A E L P
N R C H D B A P T I S T
L H T N K I H E A D L P
D E O S A K A D X N R M
R N A J Z D T S P Q L R
```

Mark 12:43-44

Mark 15:46b-47

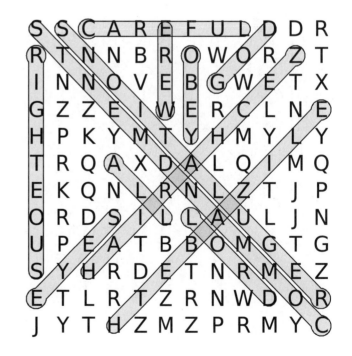

Mark 16:1

Luke 1:6

Luke 1:30-31

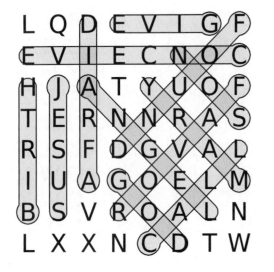

```
L Q D E V I G F
E V I E C N O C
H J A T Y U O F
T E R N N R A S
R I S F D G V A L
I U A G O E L M
B S V R O A L N
L X X N C D T W
```

Luke 1:38

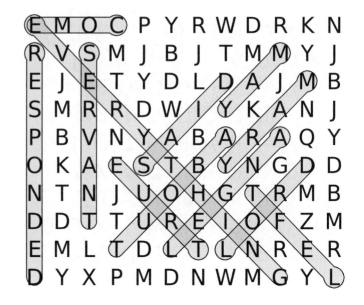

```
E M O C P Y R W D R K N
R V S M J B J T M M Y J
E J E T Y D L D A J M B
S M R R D W I Y K A N J
P B V N Y A B A R A Q Y
O K A E S T B Y N G D D
N T N J U O H G T R M B
D D T T U R E I O F Z M
E M L T D L T L N R E R
D Y X P M D N W M G Y L
```

Luke 1:41-42

```
G M Q Y F B M B L D
N E R X D R L A Q Y
I C L T T E U B R F
T H Z I S I M I I Y
E I W S Z L R L T Y
E L E O E A L I L R
R D T A M E B O P W
G Y P W D B H E W S
B E B B J V P N T Z
O D J T L B B Z D T H
```

Luke 1:46-48

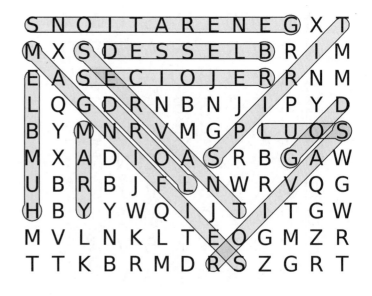

```
S N O I T A R E N E G X T
M X S D E S S E L B R I M
E A S E C I O J E R R N M
L Q G D R N B N J P Y D
B Y M N R V M G P L U O S
M X A D I O A S R B G A W
U B R B J F L N W R V Q G
H B Y Y W Q I J T I T G W
M V L N K L T E O G M Z R
T T K B R M D R S Z G R T
```

Luke 1:59-60

Luke 2:7

Luke 2:18-19

Luke 2:37b-38

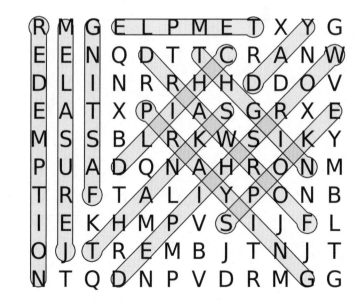

Luke 7:12-13

```
T N W T R A E H
D D O G A T E Y
S E D A E D M K
Y A I G L O V D
Y Y W R T O W W
N B L H R O R Y
P O E N R A R D
T R S C O C C N
```

Luke 7:44

```
E R D L Y B D P Y D Q T
N E E N N S L E R R E L
W N S T G T I X N A D N
I Z D I A N N M R R T X
P L V W H W A S O E U Y
E E E O A Y M T E N N T
D T U B I R O F M G P W
X S K B R Q W X L D N Q
E M M R T P B M W R T J
```

Luke 8:1b-3

```
S E I T I M R I F N I W
M P B D L D L V R G Q
I S T X X O L E E G N
N R P B T Q A S R E D J
I C T I Y W O N M U R M
S R H L R U E O N K C T
T L J U R I W L R A N V
E Y L C Z E T M V O W N
R N E I F A T S T E Y V
E S X I V Y N D N B K Q
D Y W P Z E N Q P Z G M
```

Luke 8:47b-48

```
Q V P R E S E N C E D
Y L T N A T S N I T
O D A U G H T E R N L
E E H E A L E D D J
H L H P E A C E N J
Y T P C T W L D G X
W W I O U A H B W T
M O L A E O K Y R Q
K D H H F P T J T N
```

Luke 8:53-55a

Luke 10:41-42

Luke 13:12-13

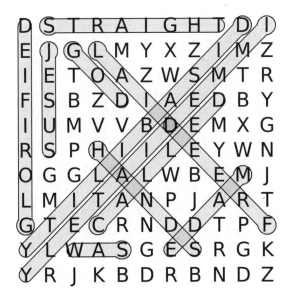

Luke 17:31-33

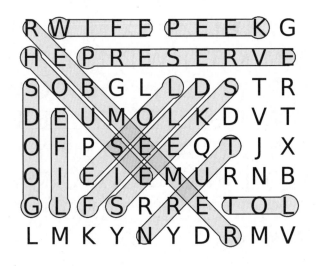

Luke 18:4-5

Luke 23:27-28

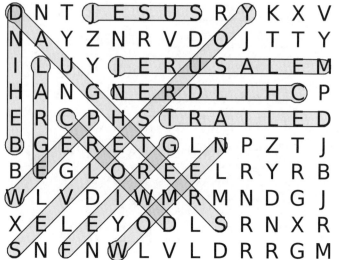

John 2:3, 5

John 4:25-26

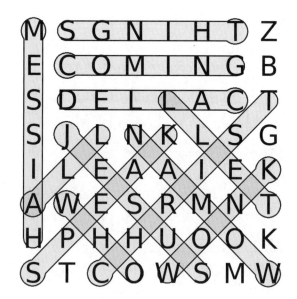

John 4:28-29

John 8:7b-9

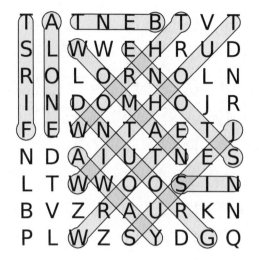

John 11:21-22

John 11:27

John 20:15b-16

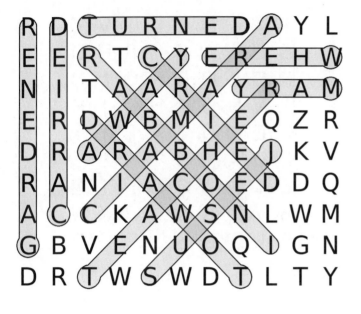

```
R  D  T  U  R  N  E  D  A  Y  L
E  E  R  T  C  Y  E  R  E  H  W
N  I  T  A  A  R  A  Y  R  A  M
E  R  D  W  B  M  I  E  Q  Z  R
D  R  A  R  A  B  H  E  J  K  V
R  A  N  I  A  C  O  E  D  D  Q
A  C  C  K  A  W  S  N  L  W  M
G  B  V  E  N  U  O  Q  I  G  N
D  R  T  W  S  W  D  T  L  T  Y
```

John 20:18

```
T  S  E  L  P  I  C  S  I  D  W  L
Q  H  M  N  H  A  V  E  S  E  O  M
J  L  I  N  E  E  S  W  N  R  A  D
W  B  E  N  X  L  E  T  D  R  I  T
D  N  K  S  G  N  A  D  Y  A  L  B
L  P  Q  B  E  S  X  D  S  Y  M  R
O  R  X  N  W  H  R  L  G  D  P  L
T  K  M  Z  R  Q  T  M  P  A  T  J
K  G  V  R  M  X  D  K  Y  D  M  Q
```

Acts 5:1-2

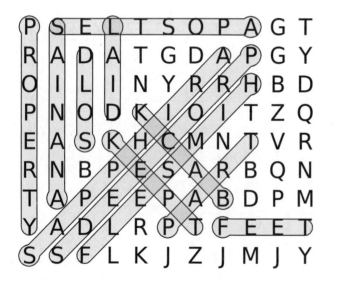

```
P  S  E  L  T  S  O  P  A  G  T
R  A  D  A  T  G  D  A  P  G  Y
O  I  L  I  N  Y  R  R  H  B  D
P  N  O  D  K  I  O  I  T  Z  Q
E  A  S  K  H  C  M  N  T  V  R
R  N  B  P  E  S  A  R  B  Q  N
T  A  P  E  E  P  A  B  D  P  M
Y  A  D  L  R  P  T  F  E  E  T
S  S  F  L  K  J  Z  J  M  J  Y
```

Acts 9:36

```
E  Z  N  S  G  R  E  E  K  Z
L  S  T  C  A  D  N  T  T  O
P  D  Z  W  Y  C  A  A  H  J
I  G  E  W  H  B  R  A  M  T
C  O  Q  V  I  O  R  O  D  E
S  O  Y  T  O  I  S  J  D  S
I  D  H  B  T  T  O  E  K  V
D  A  M  Y  R  P  E  R  T  N
G  K  B  T  P  M  O  D  N  D
L  M  L  A  X  W  T  T  W  Y
```

Acts 12:14-15

Acts 16:14

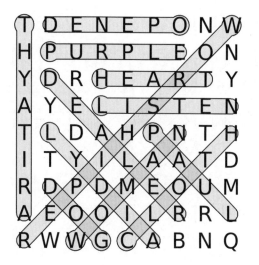

Acts 16:17

M Y Q N F O L L O W E D
S L M M O W V N D J B M
P E Y M J I M D R P O Y
R L R Y L Y T K O U Y J
O G A V R D S A T G Z V
C W N L A N O G V N M B
L J J I R N M K T L M W
A M G L Y H T B T Y A D
I P Y N I R N S K M U S
M B Q G R N C L L A E X
T M H M X R D Z P X R N

Acts 17:32, 34

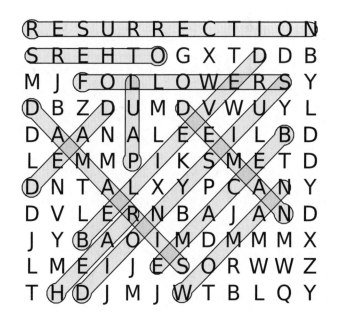

Acts 18:26b

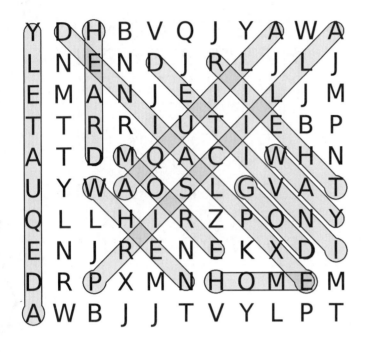

```
Y D H B V Q J Y A W A
L N E N D J R L J L J
E M A N J E I I L J M
T T R R I U T I E B P
A T D M Q A C I W H N
U Y W A O S L G V A T
Q L L H I R Z P O N Y
E N J R E N E K X D I
D R P X M N H O M E M
A W B J J T V Y L P T
```

Romans 16:1-2

```
B C E N C H R E A B
X E O H C R U H C V
D J N M R E T S I S
T E J E M H W R S P
E J A D F E E T K W
R B R C L A N L T Y
Q O E C O I C D P M
L R O O A N P T A T
Y M N S H K Y N O J
E Y T T L P Y T T R
```

Romans 16:3-4

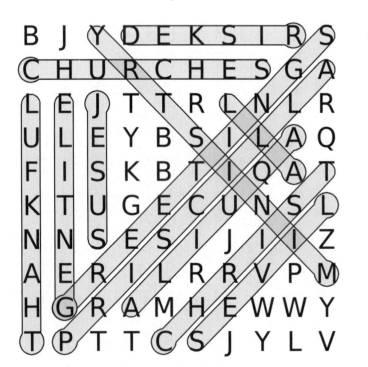

```
B J Y D E K S I R S
C H U R C H E S G A
L E J T T R C N L R
U L E Y B S I L A Q
F I S K B T I Q A T
K T U G E C U N S L
N N S E S I J I I Z
A E R I L R R V P M
H G R A M H E W W Y
T P T T C S J Y L V
```

1 Corinthians 16:19

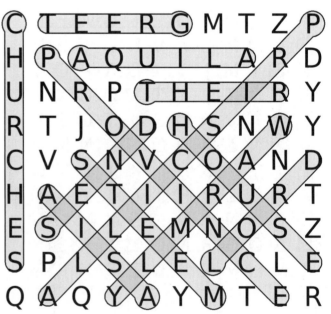

```
C T E E R G M T Z P
H P A Q U I L A R D
U N R P T H E I R Y
R T J O D H S N W Y
C V S N V C O A N D
H A E T I I R U R T
E S I L E M N O S Z
S P L S L E L C L E
Q A Q Y A Y M T E R
```

2 Timothy 1:5

M G D E D N I M E R N Y W
V T R D V D B F M E M W K
L T L A F B I Y R B R D Y
T T Q A N R M E U N I C E
T W I R S D C P S D R L Y
R T S T E N M U R Y W Y R
H Q I D I H R O O K R B R
J J O S E E T U L L B L
D R L J T V L O Q H Q R N
G J B X M Y I N M W E X L
B D N T M R K L Q W O R D
B X R L M R R K G W R N M

2 Timothy 3:14-15

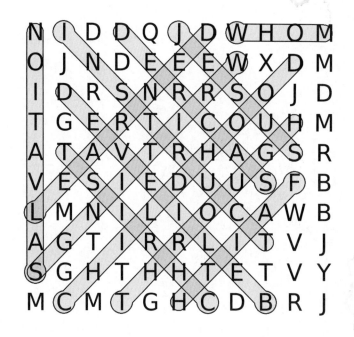

N I D D Q J D W H O M
O J N D E E E W X D M
I D R S N R R S O J D
T G E R T I C O U H M
A T A V T R H A G S R
V E S I E D U U S F B
L M N I L I O C A W B
A G T I R R L I T V J
S G H T H H T E T V Y
M C M T G H C D B R J

ALSO AVAILABLE